Andersen/Woyke, Wahl'87

Uwe Andersen
Wichard Woyke

Wahl '87

Zur Bundestagswahl 1987:
Parteien und Wähler.
Wahlrecht und Wahlverfahren.
Politische Entwicklung.

Leske + Budrich, Opladen 1986

Die Autoren:
Dr. Uwe Andersen, Professor für Politikwissenschaft an der Ruhr-Universität Bochum.
Dr. Wichard Woyke, Akad. Oberrat am Institut für Politikwissenschaft der Universität Münster.

CIP-Kurztitelaufnahme der Deutschen Bibliothek

Andersen, Uwe:
Wahl '87: zur Bundestagswahl 1987: Parteien u. Wähler,
Wahlrecht u. Wahlverfahren, polit. Entwicklung /
Uwe Andersen; Wichard Woyke. — Opladen: Leske und Budrich, 1986.

ISBN 978-3-663-01098-2   ISBN 978-3-663-01097-5 (eBook)
DOI 10.1007/978-3-663-01097-5

NE: Woyke, Wichard:

Inhaltsverzeichnis

1. Wahlen im politischen System der Bundesrepublik Deutschland

1. Funktionen (s. Ziff. 73)* und Bedeutung von Wahlen sind abhängig von der Struktur des politischen Systems, in dem die Wahlen stattfinden.

1.1 Strukturmerkmale des politischen Systems

2. Der Minimalkonsens über die grundlegende politische Struktur der Bundesrepublik Deutschland ist im Grundgesetz (GG) fixiert. Wichtige Strukturmerkmale werden in den Art. 20 und 28 GG angesprochen: *Demokratie, Republik, Bundesstaat, Rechtsstaat* und *Sozialstaat.* Da der Demokratiebegriff für sehr unterschiedliche politische Systeme in Anspruch genommen wird, versucht man häufig, ihn durch Zusätze genauer zu umschreiben. Die Bundesrepublik versteht sich als *freiheitliche, pluralistische* Demokratie. Dieses Selbstverständnis orientiert sich an den Vorstellungen und Traditionen westlicher Demokratien. Damit verbunden ist insbesondere eine Abgrenzung gegenüber dem Typus östlicher „Volksdemokratien", wie ihn z.B. die DDR verkörpert.

3. Mit *freiheitlich* soll ausgesagt werden, daß den individuellen Freiheitsrechten der Bürger ein besonderer Stellenwert eingeräumt wird. Ausdruck dessen ist die starke Betonung der *Grundrechte,* die nicht zufällig im ersten Teil des Grundgesetzes verankert und mit besonderen politischen und rechtlichen Sicherungen ausgestattet sind. Die Grundrechte begrenzen auch die Handlungsmöglichkeiten der aus den

---

* Der Verweis bezieht sich auf die nummerierten Abschnitte des Textes.

Wahlen hervorgehenden politischen Mehrheiten im Parlament. Der Wesensgehalt der Grundrechte darf nach dem Grundgesetz nicht beseitigt werden und steht damit auch nicht zur Disposition einer verfassungsändernden Mehrheit (Änderungen des Grundgesetzes bedürfen einer Zwei-Drittel-Mehrheit von Bundestag und Bundesrat). *Pluralistisch* soll ausdrücken, daß die politische Willensbildung in der Auseinandersetzung und Konkurrenz unterschiedlicher politischer Gruppen und Positionen erfolgt. Die Zukunft ist offen, und daher sind Auseinandersetzungen um den richtigen politischen Weg notwendig und legitim.

4. Die Freiheit der politischen Auseinandersetzung, insbesondere die Beteiligung an Wahlen, kann allerdings für solche Gruppen und Personen beschränkt werden, die diese Offenheit einer pluralistischen Demokratie nicht zu respektieren bereit sind. Das Grundgesetz ist geprägt von den Erfahrungen der *Weimarer Republik,* in der extremistische politische Parteien die garantierten politischen Freiheitsrechte benutzten, um für deren Abschaffung zu kämpfen. Es bekennt sich daher zur ,,*wehrhaften Demokratie*" nach dem Motto: keine Freiheit für die Feinde der Freiheit.

5. Die Organisation des politischen Entscheidungsprozesses in der Demokratie (griechisch = Volksherrschaft) der Bundesrepublik wird in Art. 20 Abs. 2 GG angesprochen: ,,Alle Staatsgewalt geht vom Volke aus. Sie wird vom Volke in Wahlen und Abstimmungen und durch besondere Organe der Gesetzgebung, der vollziehenden Gewalt und der Rechtsprechung ausgeübt." Damit kommt *Wahlen* und *Abstimmungen* als Mitteln der Volksherrschaft eine besondere Bedeutung zu.

6. Nach dem Willen des *Parlamentarischen Rates,* der das Grundgesetz ausgearbeitet hat, ist die Bundesrepublik im wesentlichen als *repräsentative* Demokratie gestaltet. Der Bürger kann seinen politischen Willen fast nur *indirekt,* durch die Wahl von *Repräsentanten,* zum Ausdruck bringen. Diese treffen als auf Zeit bestellte Treuhänder im Namen der Bevölkerung die politischen Entscheidungen. Anders als z.B. in der Schweizer Referendumsdemokratie sind direkte politische Sachentscheidungen der Bürger in Form eines *Volksentscheides* die große Ausnahme. Auf der Ebene des Bundes ist der Volksentscheid ausschließlich für den Fall einer Neugliederung des Bundesgebietes vorgesehen (Art. 29 und 118 GG). Die Verfassungen der Bundesländer räumen Volksbegehren und Volksentscheid teilweise einen höheren Stellenwert ein, aber auch dort sind die Möglichkeiten eng begrenzt und daher bisher selten genutzt worden.

7. Die Skepsis des Parlamentarischen Rates gegenüber direkten poli-

tischen Sachentscheidungen des Volkes ist auf die Erfahrungen mit der Weimarer Verfassung zurückgeführt worden, die in Art. 73 Volksbegehren und Volksentscheid vorsah. In der Weimarer Republik seien die Volksbegehren zu hemmungsloser Agitation und damit zur emotionalen Aufheizung der politischen Atmosphäre mißbraucht worden. Die Frage bleibt aber offen, ob sich diese Erfahrungen auf die Bundesrepublik übertragen lassen und dem Bewußtsein der Bevölkerung entsprechen.

Umstritten sind nicht nur Sinn und Form einer stärkeren plebiszitären Komponente – von Volksbefragungen über Volksentscheide bis hin zur Direktwahl des Bundespräsidenten –, sondern auch, wie weit dazu eine Änderung des Grundgesetzes nötig wäre. Die jüngst wieder verstärkte Diskussion – so z.B. auf einem rechtspolitischen Kongreß der SPD im Juni 1986 – kann auch als Hinweis auf verstärkte politische Partizipationswünsche zumindest in Teilen der Bevölkerung gewertet werden.

1.2 Politische Teilhabemöglichkeiten

8. Aber auch die bislang ganz überwiegend repräsentativ ausgestaltete Demokratie der Bundesrepublik bietet dem Bürger nicht nur bei Wahlen die Möglichkeit, sich am politischen Willensbildungs- und Entscheidungsprozeß zu beteiligen und darauf Einfluß zu nehmen. Wahlen sind allerdings die vom Bürger am stärksten genutzte Form politischer Beteiligung. Sie ermöglichen, mit nur beschränktem Engagement und Zeitaufwand die eigene Stimme zur Geltung zu bringen. Als weitergehende Formen politischen Engagements sind insbesondere zu nennen die aktive Mitgliedschaft in
– einer *Partei*
– einem *Interessenverband*
– einer *Bürgerinitiative.*
9. Die politische Einwirkungsmöglichkeit durch die Beteiligung an Wahlen ist u.a. dadurch eingeschränkt, daß die Wahl sich zwischen verschiedenen Sach- und Personalangeboten von Parteien vollzieht, deren Ausgestaltung der Wähler direkt nicht beeinflussen kann. Wer darauf Einfluß nehmen will, muß einer Partei beitreten. Diese Möglichkeit wird bisher aber nur von einer kleinen Minderheit der Bevölkerung genutzt. In der Bundesrepublik sind z.Zt. knapp 2 Mio. Bürger Mitglied in einer Partei.
10. Auch die aktive Mitgliedschaft in einem *Interessenverband,* z.B. einer Gewerkschaft, eröffnet politische Einwirkungsmöglichkeiten.

Die Interessenvertretung mit Hilfe von Verbänden ist legitim und ermöglicht es, Interessen gebündelt in den politischen Entscheidungsprozeß einzubringen. Ein Problem ist allerdings, daß nicht alle Interessen in gleicher Weise organisierbar und damit die Chancen ihrer politischen Berücksichtigung unterschiedlich sind.

Interessenverbände lassen sich gegenüber Parteien in der Regel dadurch abgrenzen, daß ihr Interessenbereich begrenzter ist und sie sich nicht direkt um eine Vertretung in den Parlamenten bemühen. Sie suchen Unterstützung für ihre Forderungen in der Öffentlichkeit, bei den Parteien, Parlamenten und Regierungen. Bei schweren Konflikten mit bestimmten Parteien und/oder der Regierung haben Verbände auch massiv versucht, die Wahlentscheidung über ihre Mitglieder zu beeinflussen. So hat z.B. der DGB 1953 auf dem Hintergrund der Auseinandersetzungen um die Mitbestimmungsgesetze gefordert: „Wählt einen besseren Bundestag", und auch jüngst im Zusammenhang mit dem Konflikt um die Änderung des Arbeitsförderungsgesetzes dazu aufgerufen, mit dem Stimmzettel Konsequenzen zu ziehen. Die Verbände sind ein einflußreiches Element unseres pluralistischen politischen Systems, auch wenn die These von der „Herrschaft der Verbände" überzogen scheint.

11. Ein Mittel der politischen Einflußnahme, das seit den 70er Jahren an Bedeutung gewonnen hat, ist die Beteiligung an *Bürgerinitiativen*. Bürgerinitiativen können als Ausdruck des Unbehagens gegenüber Parteien und Verbänden gedeutet werden, weil diese die in der Bevölkerung vorhandenen Vorstellungen und Forderungen nicht angemessen widerspiegeln. Bürger greifen daher Probleme meist im unmittelbaren Erfahrungsbereich auf und organisieren sich, um gegen aus ihrer Sicht bestehende oder drohende Mißstände direkt, ohne Vermittlung über Parteien und Verbände, vorzugehen. Dabei scheint ein Anreiz, sich in Bürgerinitiativen zu engagieren, deren im Vergleich zu Parteien und Verbänden sehr flexible, unbürokratische Organisation zu sein.

Ein großer Teil der Bürgerinitiativen hat sich in Fragen engagiert, die mit der Umweltproblematik verknüpft sind. Eine Schwäche von Bürgerinitiativen ist ihr häufig enger, punktueller Ansatzpunkt. Das politische Engagement in Bürgerinitiativen führt in vielen Fällen zu der Erkenntnis, daß die verfolgten Ziele eigentlich die politische Einwirkung auf sehr viel breitere Sachzusammenhänge, z.B. die Änderung von Gesetzen erfordern, für die eine Vertretung in den Parlamenten notwendig ist. Auch die Gründung der Partei „Die Grünen", die ihrem Selbstverständnis nach ihr „Standbein" in der Bürgerinitiativbewegung sieht, belegt dies.

1.3 Wahlen im Bundesstaat

12. Die Bundesrepublik Deutschland ist ein *Bundesstaat.* Die staatlichen Rechte und Zuständigkeiten sind aufgeteilt zwischen den eigenständigen Gebietskörperschaften Bund, Länder und Gemeinden. Diese *vertikale Gewaltenteilung* soll u.a. die Gefahr eines staatlichen Machtmißbrauchs verringern. Im Zuge der europäischen Integrationsbestrebungen ist die Europäische Gemeinschaft als vierte, *übernationale* Ebene hinzugekommen. Auf allen vier Ebenen gibt es eigene repräsentative Vertretungen, deren Abgeordnete von den Bürgern direkt gewählt werden.

Auf der *kommunalen* Ebene haben die Wähler bisher nicht nur Kandidaten der großen Parteien, sondern auch Vertretern *freier Wählergemeinschaften,* der „Rathausparteien", Mandate erteilt. Auf Landes- und Bundesebene dominieren die großen Parteien. Auf der Ebene der Europäischen Gemeinschaft hat sich im Zusammenhang mit den ersten Direktwahlen zum Europäischen Parlament ein europäisches Parteiensystem herausgebildet, das auf den nationalen Parteien aufbaut, aber auch auf diese zurückwirkt.

13. Vergleicht man kommunale, Landes-, Bundes- und europäische Ebene nach dem Gewicht der ihnen zugeordneten Aufgaben und Zuständigkeiten, so liegt das Schwergewicht heute eindeutig beim Bund; an zweiter Stelle folgen die Länder, die nach dem Grundgesetz eine starke Stellung besitzen, aber im Laufe der Entwicklung einen Teil ihrer Aufgaben und Befugnisse an den Bund abgeben mußten. Ein wichtiger Grund dafür liegt in dem Ziel möglichst großer *Einheitlichkeit der Lebensverhältnisse* im gesamten Bundesgebiet. Der Kompetenzgewinn des Bundes gegenüber den Ländern ist allerdings teilweise dadurch ausgeglichen worden, daß die Länder über den *Bundesrat* an der politischen Willensbildung des Bundes verstärkt mitwirken. Ein wachsender Teil der Bundesgesetzgebung ist nämlich „zustimmungspflichtig", d.h. solche Gesetze treten nur in Kraft, wenn ihnen außer der Mehrheit des Bundestages auch die Mehrheit des Bundesrates zustimmt.

14. Die daraus folgende Bedeutung der *Mehrheitsverhältnisse im Bundesrat,* in die die Länderregierungen Vertreter entsenden, hat mit dazu beigetragen, daß bei Landtagswahlen bundespolitische Gesichtspunkte eine große Rolle spielen. Insbesondere Landtagswahlen im Vorfeld von Bundestagswahlen werden zudem leicht zu Testwahlen hochstilisiert, die Auskunft über den Trend für die kommende Bundestagswahl geben sollen. Beide Gesichtspunkte galten z.B. für die Landtagswahl in Niedersachsen im Juni 1986, die daher auch auf ein

außerordentlich hohes bundespolitisches Interesse stieß. Eine sozial-demokratische Regierung in Niedersachsen hätte eine Bundesrats-mehrheit für die Länder unter SPD-Führung bedeutet und den Hand-lungsspielraum der christlich-liberalen Bundesregierung entsprechend eingeengt. Der – gescheiterte – Versuch, gerade über Niedersachsen die Mehrheitsverhältnisse im Bundesrat umzudrehen, lag für die SPD auch deshalb nahe, weil Niedersachsen traditionell zu den Bundeslän-dern zählt, die nicht „Erbhöfe" einer Partei sind, in denen sich also die Mehrheitsverhältnisse im Landtag mehrfach verändert haben.

Entsprechend der besonderen Bedeutung des Bundes als politischer Entscheidungsebene sind die Bundestagswahlen die wichtigsten Wah-len in unserem politischen System. Auf sie richten sich daher nicht nur die konzentrierten Werbeanstrengungen der Parteien, sie stehen auch im Scheinwerferlicht der in- und ausländischen Öffentlichkeit.

15. Für die Wahlbeteiligung gilt, daß sie von den Kommunal- und Landtagswahlen zu den Bundestagswahlen stark ansteigt, um dann bei den Europawahlen noch stärker wieder abzufallen. Mit Ausnahme von 1949 haben bei Bundestagswahlen immer mehr als 85% der Wahl-berechtigten ihre Stimme abgegeben. Das ist im internationalen Ver-gleich bei freien Wahlen eine sehr hohe Wahlbeteiligung.

Tab. 1: Wahlbeteiligung bei Bundestagswahlen

Jahr	Wahlbeteiligung in %	
1949	78,5	
1953	86,0	
1957	87,8	
1961	87,7	
1965	86,8	Durchschnitt 87,3
1969	86,7	
1972	91,1	
1976	90,7	
1980	88,6	
1983	89,1	

1.4 Zur Rolle des Bundestages

16. Die Bundesrepublik Deutschland ist eine *parlamentarische Demokratie*, im Gegensatz z.b. zum *präsidentiellen* Regierungssystem der USA. Im Zentrum des deutschen Regierungssystems steht daher der Bundestag, das einzige Verfassungsorgan, das direkt von der Bevölkerung gewählt wird. Parlamentarische Regierungssysteme zeichnen sich dadurch aus, daß die Regierung strikt vom Vertrauen der Parlamentsmehrheit abhängig ist. Funktional betrachtet ist die Regierung so etwas wie ein Ausschuß aus führenden Vertretern der Parlamentsmehrheit. Fast alle Kanzler der Bundesrepublik und nahezu alle Bundesminister sind daher auch aus dem Kreis der Bundestagsabgeordneten gekommen. Regierung und die die Regierung tragenden Fraktionen des Parlaments – Regierungsfraktionen – gehen im Normalfall eine enge politische Symbiose ein. Politisch gesehen läuft die wichtigste Trennlinie nicht zwischen Regierung und Parlament, sondern quer durch das Parlament. Auf der einen Seite stehen die Regierung und die Regierungsfraktion(en) des Parlaments, auf der anderen Seite die Oppositionsfraktion(en).
Wichtige Funktionen des Bundestages sind:
- die *Wahlfunktion*
- die *Artikulationsfunktion*
- die *Gesetzgebungsfunktion*
- die *Kontrollfunktion.*

1.4.1 Wahlfunktion

17. Der wichtigste Wahlakt des Bundestages ist die Wahl des Bundeskanzlers. Darüber hinaus ist der Bundestag beteiligt an der Wahl des Bundespräsidenten – neben einer gleichen Anzahl von Landtagsabgeordneten – und wählt die Hälfte der Mitglieder des Bundesverfassungsgerichts. Ist der Kanzler erst einmal gewählt, hat er nach dem Grundgesetz eine so starke Stellung, daß die Bundesrepublik auch als „Kanzlerdemokratie" bezeichnet worden ist. „Der Bundeskanzler bestimmt die Richtlinien der Politik und trägt dafür die Verantwortung." (Art. 65 GG) „Die Bundesminister werden auf Vorschlag des Bundeskanzlers vom Bundespräsidenten ernannt und entlassen." (Art. 64 GG) Sowohl bei der Ausübung der Richtlinienkompetenz als auch bei der Auswahl der Minister ist der Bundeskanzler aber faktisch nicht frei, sondern muß auf seine Parlamentsmehrheit Rücksicht nehmen. Dies gilt verstärkt, wenn es sich um eine Regierungskoalition aus mehreren Parteien handelt.

18. Eine Besonderheit des Grundgesetzes ist das *„konstruktive Mißtrauensvotum"* nach Art. 67 Abs. 1 GG: „Der Bundestag kann dem Bundeskanzler das Mißtrauen nur dadurch aussprechen, daß er mit der Mehrheit seiner Mitglieder einen Nachfolger wählt und den Bundespräsidenten ersucht, den Bundeskanzler zu entlassen. Der Bundespräsident muß dem Ersuchen entsprechen und den Gewählten ernennen."

Diese Bestimmung macht einmal mehr das Bemühen der Verfassungsväter um Regierungsstabilität deutlich, wobei wiederum die Erfahrungen mit der Weimarer Republik den Hintergrund bildeten. Verhindert werden soll eine Situation, in der politisch gegensätzliche Oppositionsfraktionen, wie z.B. die KPD und die NSDAP in der Weimarer Republik, die Regierung stürzen, ohne aber in der Lage zu sein, sich auf einen Regierungschef zu einigen. Das konstruktive Mißtrauensvotum ist in der Geschichte der Bundesrepublik bisher nur zweimal versucht worden, 1972 gegen Bundeskanzler Brandt vergeblich, 1982 mit der Abwahl Helmut Schmidts durch die Wahl Helmut Kohls erfolgreich. Der Bundestag hat in der Vergangenheit seine Aufgabe der Kanzlerwahl ohne größere Probleme erfüllen können. Der Hauptgrund für die Regierungsstabilität dürfte aber kaum in Vorkehrungen wie dem konstruktiven Mißtrauensvotum zu suchen sein. Entscheidend war die Fähigkeit der im Parlament vertretenen Parteien, regierungsfähige Mehrheiten zu bilden, und letztlich das für die Zusammensetzung des Bundestages maßgebliche Votum des Wählers.

1.4.2 Artikulationsfunktion

19. Der Bundestag soll auch das zentrale Forum für die Vertretung der politischen Meinungen und Interessen der Bevölkerung sein. Hier sollen die wichtigsten politischen Probleme, die die Bevölkerung angehen und die sie bewegen, durch ihre Repräsentanten zur Sprache gebracht werden. Kritiker bemängeln, daß diese Artikulationsfunktion vom Bundestag zu wenig wahrgenommen werde.

20. Der Bundestag gehört eher zum Typus des „Arbeitsparlaments". Damit ist gemeint, daß der Schwerpunkt der Abgeordnetenarbeit nicht in den öffentlichen Plenarsitzungen – Sitzungen des Gesamtparlaments – liegt, sondern sich in den in der Regel nichtöffentlich tagenden *Ausschüssen* abspielt. Die Ausschüsse ermöglichen eine begrenzte Arbeitsteilung auch unter den Abgeordneten, die wegen der Vielzahl und der Unterschiedlichkeit der zu behandelnden Materien unerläßlich ist. Die geringe Präsenz von Abgeordneten bei manchen Plenardebatten, die im Mittelpunkt der Medien-, insbesondere der Fernseh-

berichterstattung, stehen, führt zwar häufig zu verständlicher Kritik in der Bevölkerung, die Folgerung, die meisten Abgeordneten seien offenbar „Faulenzer", wäre aber eindeutig falsch. Untersuchungen belegen, daß Abgeordnete, die neben ihren Aufgaben im Bundestag vor allem noch ihre Arbeit im Wahlkreis und Parteiaufgaben wahrzunehmen haben, zeitlich überfordert werden und häufig auf das Doppelte einer 40-Stunden-Woche kommen.

21. Ein weiterer Kritikpunkt ist die *soziale Struktur* des Bundestages. Nun wäre es sicherlich verfehlt zu erwarten, daß der Bundestag die soziale Struktur der Bevölkerung exakt widerspiegelt. Die Gesetzgebungsarbeit des Bundestages z.b. erfordert Sachqualifikationen, die Personen mit entsprechender Ausbildung begünstigen. Das führt z.B. dazu, daß der Anteil von Akademikern im Bundestag (mehr als zwei Drittel) sehr viel größer ist als im Durchschnitt der Bevölkerung. Mit der starken Unter- bzw. Überrepräsentation von bestimmten Bevölkerungsgruppen im Bundestag ist die Gefahr verbunden, daß die Interessen dieser Gruppen bei den Entscheidungen zu wenig bzw. zu stark berücksichtigt werden. Einschränkend gilt allerdings, daß sich das Abstimmungsverhalten von Abgeordneten sehr stark an der Position

Tab. 2: Berufsstruktur der Bundestagsmitglieder

Bundestag insgesamt	9. WP 1980-83 %	10. WP 1983-87 %
Regierungsmitglieder[1]	8,7	14,3
Beamte	32,3	31,1
Angestellte des öffentlichen Dienstes	3,1	2,3
Pfarrer (ev.)	0,2	0,4
Angestellte politischer und gesellschaftlicher Organisationen	12,9	13,6
Angestellte in der Wirtschaft	10,2	8,3
Selbständige	12,5	12,8
Angehörige freier Berufe	16,0	12,5
Hausfrauen	1,3	1,5
Arbeiter	1,7	1,9
keine Angaben u. a.	0,6	1,3
Abgeordnete insgesamt	100,0	100,0

1 einschließlich ehemaliger Regierungsmitglieder

aus: Schindler, Peter, Datenhandbuch zur Geschichte des Deutschen Bundestages 1980 bis 1984. Baden-Baden 1986, S. 971.

ihrer Partei orientiert. Unter dem beruflichen Aspekt fällt insbesondere die starke Überrepräsentation von Lehrern und Professoren, allgemein von Angehörigen des öffentlichen Dienstes und von Partei- und Verbandsangestellten auf. Einen Überblick über die berufliche Zusammensetzung des 10. Deutschen Bundestages vermittelt Tab. 2.

Allgemein hat die zunehmende *Professionalisierung* der Politik zu einem Übergewicht von Abgeordneten aus dem politiknahen Berufsfeld geführt.

Die *Frauen* sind im Bundestag bisher mit unter 10% eine kleine Minderheit geblieben. Im 10. Bundestag z.B. waren ursprünglich von 520 Abgeordneten 51 Frauen, wobei nur die Fraktion der Grünen mit gut einem Drittel weiblicher Abgeordneter positiv aus dem Rahmen fiel. Gerade die Unterrepräsentanz der Frauen hat inzwischen auch zu verschärften Diskussionen in den Parteien geführt, die über ihre Kandidatenauswahl (s. Ziff. 80ff.) die soziale Struktur des Bundestages weitgehend bestimmen.

1.4.3 Gesetzgebungsfunktion

22. Eine zentrale Aufgabe des Bundestages ist die Beratung und Verabschiedung von Bundesgesetzen (in Zusammenarbeit mit dem Bundesrat). Dabei wird die wichtige Detailberatung im wesentlichen in den Ausschüssen, insbesondere in dem für das betreffende Gesetz federführenden Ausschuß, geleistet. Der Bundestag gilt im internationalen Vergleich als „fleißiges" Parlament. So wurden z.B. in der 10. Legislaturperiode bis zur Sommerpause 1986 445 Gesetzesinitiativen beraten und 251 Gesetze verabschiedet, selbstverständlich von sehr unterschiedlichem politischen Gewicht.

Gesetzentwürfe können vom Bundesrat, von der Bundesregierung oder aus der Mitte des Bundestages von Abgeordneten eingebracht werden. Die enge Verbindung von Regierung und Regierungsfraktion(en) führt dazu, daß die Initiative in der Regel der Regierung überlassen wird. Sie bringt auch die meisten Gesetzentwürfe ein. Die Regierung ist für die Ausarbeitung der häufig komplizierten Gesetzentwürfe besser gerüstet, weil sie auf den Expertenstab in den Ministerien zurückgreifen kann. Gesetzentwürfe aus der Mitte des Bundestages stammen meist von Abgeordneten der Opposition, werden aber aufgrund der Mehrheitsverhältnisse selten verabschiedet. Sie sind nicht zuletzt ein Instrument der Opposition, ihre Vorstellung einer Regelung öffentlichkeitswirksam darzulegen und die Parlamentsmehrheit zu zwingen, Stellung zu nehmen.

1.4.4 Kontrollfunktion

23. Die Aufgabe, die Regierung zu kontrollieren, liegt zwar beim gesamten Bundestag, aber öffentlich sichtbar versucht vor allem die Opposition, diese Aufgabe wahrzunehmen. Die die Regierung unterstützenden Fraktionen versuchen dagegen meist, Kritik an und Konflikte mit der Regierung intern zu regeln. Da wichtige politische Initiativen der Regierung in der Regel mit Gesetzesänderungen und/oder Finanzbedarf verbunden sind, stellen Gesetzgebungs- und Haushaltsbefugnisse des Bundestages wirksame Kontrollinstrumente dar. Weitere Instrumente sind schriftliche und mündliche *Anfragen*, die die Regierung zur Auskunft und Begründung ihrer Position zwingen sowie *Untersuchungsausschüsse* – z.B. im Fall der Flick-Affäre oder jüngst in der Kontroverse um die „Neue Heimat" –, deren Einsetzung ein Viertel der Abgeordneten erzwingen kann. Solange die Regierung über eine Mehrheit im Parlament verfügt, ist die Opposition jedoch auf begleitende Kritik und Entwicklung alternativer Vorschläge beschränkt. Für die Wirksamkeit ihrer Kontrolle ist sie auf die öffentliche Meinung und letztlich auf das Wählervotum angewiesen.

1.5 Bundestagswahlen von 1949 – 1983

24. Die Bundestagswahlen haben die politische Entwicklung in der Bundesrepublik sowohl geprägt als auch gespiegelt. In der ersten *Bundestagswahl 1949* wurde die CDU/CSU nur knapp vor der von Kurt Schumacher geführten SPD zur stärksten Parlamentsfraktion. Beide zusammen erhielten aber nur reichlich 60% der Stimmen. Bei einer abgeschwächten *Sperrklausel* – mindestens 5% der Stimmen *in einem Bundesland* oder *ein* Direktmandat – waren im ersten Deutschen Bundestag neben CDU/CSU, SPD und FDP noch sieben weitere Parteien mit Abgeordneten vertreten. Darunter befand sich auch der Südschleswigsche Wählerverband (SSW) als Partei der dänischen Minderheit in Schleswig-Holstein, auf den die Sperrklausel nicht angewendet wurde.

Bei scharfen Gegensätzen zwischen den größten Parteien vor allem in der Wirtschafts- und Außenpolitik bildete Konrad Adenauer eine Koalition mehrerer bürgerlicher Parteien und wurde mit der erforderlichen Mehrheit von 202 Stimmen zum ersten Kanzler der Bundesrepublik Deutschland gewählt.

25. Ab 1950 mußten neue Parteien nicht mehr von den Alliierten zugelassen werden. Dies führte zu weiteren Parteigründungen und in

Tab. 3: Ergebnisse der Bundestagswahlen

Ergebnisse der Bundestagswahlen	1949	1953	1957	1961	1965	1969	1972	1976	1980	1983
Wahlberechtigte in Mio.	31,2	33,1	35,4	37,4	38,5	38,7	41,4	42,1	43,2	44,1
Wahlbeteiligung in %	78,5	86,0	87,8	87,7	86,8	86,7	91,1	90,7	88,7	89,1
Gültige Stimmen in Mio.	23,7	27,6	29,9	31,6	32,6	33,0	37,5	37,8	37,9	38,9
davon für die Parteien in %										
CDU/CSU	31,0	45,2	50,2	45,3	47,6	46,1	44,9	48,6	44,5	48,8
SPD	29,2	28,8	31,8	36,2	39,3	42,7	45,8	42,6	42,9	38,2
FDP/DVP	11,9	9,5	7,7	12,8	9,5	5,8	8,4	7,9	10,6	6,9
Die Grünen	—	—	—	—	—	—	—	—	1,5	5,6
DP } GDP	4,0	3,3	3,4	2,8	—	—	—	—	—	—
GB/BHE } GDP	—	5,9	4,6	—	—	0,1	—	—	—	—
ZP	3,1	0,8	0,3	—	—	—	—	—	—	—
BP	4,2	1,7	0,5	0,8	2,0	0,2	—	—	—	—
DRP; NPD	1,8	1,1	1,0	1,9	1,3	4,3	0,6	0,3	0,2	0,2
KPD; DFU;DKP	5,7	2,2	—	0,2	0,3	0,6	0,3	0,3	0,2	0,2
Sonstige	9,1	1,5	0,5	—	—	0,2	0,1	0,3	0,1	0,1
Abgeordnetensitze im Deutschen Bundestag										
CDU/CSU	139	243	270	242	245	242	225	243	226	244
SPD	131	151	169	190	202	224	230	214	218	193
FDP/DVP	52	48	41	67	49	30	41	39	53	34
Die Grünen	—	—	—	—	—	—	—	—	—	27
DP	17	15	17	—	—	—	—	—	—	—
GB/BHE	—	27	—	—	—	—	—	—	—	—
ZP	10	3	—	—	—	—	—	—	—	—
BP	17	—	—	—	—	—	—	—	—	—
DRP	5	—	—	—	—	—	—	—	—	—
KPD	15	—	—	—	—	—	—	—	—	—
Sonstige	16	—	—	—	—	—	—	—	—	—
Insgesamt	402	487	497	499	496	496	496	496	497	498
Berlin-West	19	22	22	22	22	22	22	22	22	22

DP = Deutsche Partei; GB/BHE = Gesamtdeutscher Block/Bund der Heimatvertriebenen und Entrechteten; ZP = Zentrumspartei; BP = Bayernpartei; DRP = Deutsche Reichspartei; DFU = Deutsche Friedensunion.

Abb. 1: Ergebnisse der Bundestagswahlen seit 1949

Tab. 4: Anteil der großen Parteien (in %)

Jahr	Anteil von CDU/CSU + SPD	+ FDP
1949	60,2	72,1
1953	84,0	83,5
1957	82,0	90,5
1961	81,5	94,3
1965	86,9	96,4
1969	88,8	94,6
1972	90,7	99,1
1976	91,2	99,1
1980	87,4	98,1
1983	87,0	95,3

Tab. 5: Mandatsverteilung 1983, nach Ländern

Direktmandate

	CDU/CSU	SPD	FDP	Grüne
Schleswig-Holstein	9	2	-	-
Hamburg	-	7	-	-
Niedersachsen	21	10	-	-
Bremen	-	3	-	-
Nordrhein-Westfalen	39	32	-	-
Hessen	17	5	-	-
Rheinland-Pfalz	11	5	-	-
Baden-Württemberg	36	1	-	-
Bayern	44	1	-	-
Saarland	3	2	-	-
Bund	180	68	-	-

Listenmandate

	CDU/CSU	SPD	FDP	Grüne
Schleswig-Holstein	1	7	1	1
Hamburg	5	-	-	1
Niedersachsen	8	16	4	4
Bremen	2	-	-	-
Nordrhein-Westfalen	26	31	10	8
Hessen	4	15	4	3
Rheinland-Pfalz	5	7	2	1
Baden-Württemberg	3	22	7	5
Bayern	9	25	6	4
Saarland	1	2	-	-
Bund	64	125	34	27

Insgesamt

	CDU/CSU	SPD	FDP	Grüne	Summe
Schleswig-Holstein	10	9	1	1	21
Hamburg	5	7	-	1	13
Niedersachsen	29	26	4	4	63
Bremen	2	3	-	-	5
Nordrhein-Westfalen	65	63	10	8	146
Hessen	21	20	4	3	48
Rheinland-Pfalz	16	12	2	1	31
Baden-Württemberg	39	23	7	5	74
Bayern	53	26	6	4	84
Saarland	4	4	-	-	8
Bund	244	193	34	27	498

Stat. Bundesamt. Fachserie 1. Wahl zum 10. Bundestag 1983, Heft 2

den Landtagswahlen vorübergehend zu einer verstärkten Zersplitterung der Wählerstimmen und Parlamentssitze. Bei der *Bundestagswahl 1953* konzentrierten die Wähler ihre Stimmen aber bereits auf wenige Parteien. Die Wahl endete mit einem deutlichen Wahlsieg der CDU/CSU, die über 45% der Stimmen erhielt. Der Wahlsieg war vor allem auf die Wirtschaftspolitik der Regierung – Konzept der *Sozialen Marktwirtschaft* – und die außenpolitische Westintegration zurückzuführen. Adenauer bildete eine Koalitionsregierung aus CDU/CSU, FDP, BHE (Block der Heimatvertriebenen und Entrechteten) und DP (Deutsche Partei). Sie verfügte mit mehr als zwei Dritteln der Abgeordneten sogar über die für Verfassungsänderungen erforderliche Mehrheit. Die SPD ging wieder in die Opposition.

26. Der Konzentrationsprozeß setzte sich bei der *Bundestagswahl 1957* zugunsten der Union fort. Erstmals und bisher zum einzigen Male statteten die Wähler eine Partei mit der absoluten Mehrheit der Stimmen und Mandate aus. Zählt man CDU/CSU als Einheit, waren nur noch vier Parteien im Bundestag vertreten. Dabei überwand die DP mit 3,4% der Stimmen die Sperrklausel wie schon 1953 nur deshalb, weil die CDU in einigen Wahlkreisen zugunsten der DP auf die Aufstellung eines Direktkandidaten verzichtet und ihr damit den Gewinn der erforderlichen drei Direktmandate ermöglicht hatte. Der überwälti-

gende Wahlsieg der Union beruhte einerseits auf der Zustimmung der Wähler zu den Grundlinien der Regierungspolitik, insbesondere der Wirtschafts-, Außen- und Verteidigungspolitik. Hinzu kam das besondere Ansehen der wichtigsten Regierungsrepräsentanten Bundeskanzler Adenauer und Bundeswirtschaftsminister Erhard. Das Wahlergebnis war aber auch darauf zurückzuführen, daß die SPD in den Augen der meisten Wähler aufgrund ihrer programmatischen Position z.B. in der Wirtschaftspolitik als Regierungsalternative nicht ernsthaft in Betracht kam. Diese Situation wurde von der Union werbewirksam in das Wahlmotto „keine Experimente" umgesetzt. Die SPD gewann zwar 3% der Wählerstimmen hinzu, blieb aber mit 31,8% im „Ghetto der 30%". Erst als die SPD mit dem *Godesberger Grundsatzprogramm* 1959 auch äußerlich sichtbar einen Wandel zur „Volkspartei" (s. Ziff. 88) einleitete und die inzwischen geschaffenen Grundlagen in der Wirtschaftspolitik – Soziale Marktwirtschaft – und Außenpolitik – Westintegration – akzeptierte, verbesserten sich längerfristig die Chancen für einen Regierungswechsel.

27. Bei der *Bundestagswahl 1961* kurz nach dem Mauerbau erreichte die SPD mit ihrem Kanzlerkandidaten, dem Regierenden Berliner Bürgermeister Willy Brandt, 36,2% der Wählerstimmen (+4,4%). Die Union verlor mit 45,3% die absolute Mehrheit, wozu die Diskussion um ein mögliches Abtreten von Bundeskanzler Adenauer beitrug. Die FDP, die den Wahlkampf mit der Parole „Mit der CDU, ohne Adenauer" führte, errang mit 12,8% ihr bestes Wahlergebnis. Als sie schließlich doch eine Koalition unter der allerdings befristeten Kanzlerschaft Adenauers akzeptierte, mußte sie mit dem Vorwurf leben, „umgefallen" zu sein.

28. 1963 trat Ludwig Erhard, der „Vater des Wirtschaftswunders", die Nachfolge Konrad Adenauers als Bundeskanzler an. Die Gegensätze zwischen den Parteien schwächten sich weiter ab. Obwohl im Wahlkampf zeitweilig ein Kopf-an-Kopf-Rennen der großen Parteien vorausgesagt wurde, setzte sich bei der *Bundestagswahl 1965* die Union mit 47,6% der Wählerstimmen (SPD 39,3%) dank der „Wahllokomotive Erhard" deutlich an die Spitze. Erneut kam es zu einer Regierungskoalition zwischen CDU/CSU und FDP.

Diese Koalition zerbrach in der Wirtschaftskrise 1966/67, der ersten in der Bundesrepublik. Größere Arbeitslosigkeit und der Vertrauensverlust der Regierung Erhard schlugen sich im Wahlverhalten deutlich nieder. Bei mehreren Landtagswahlen profitierte vor allem die Nationaldemokratische Partei Deutschlands (NPD) von den Protesten der Wähler und zog in Landtage ein, was insbesondere im Ausland Besorgnis hervorrief.

Als sich die Koalition nicht mehr über den Haushaltsausgleich verständigen konnte – in diesem Zusammenhang wurde gegen die FDP wiederum der Vorwurf des „Umfallens" erhoben –, traten die FDP-Minister im Oktober 1966 zurück. Bundeskanzler Erhard blieb für kurze Zeit Chef einer Minderheitsregierung. Obwohl die FDP-Fraktion ihre Bereitschaft erklärte, Willy Brandt zum Bundeskanzler zu wählen, entschied sich die SPD angesichts der Mehrheitsverhältnisse und der zu lösenden Probleme für die *Große Koalition* mit der CDU. Anfang 1966 wurde Kurt Georg Kiesinger zum Bundeskanzler gewählt und Willy Brandt Vize-Kanzler und Außenminister. Damit war die SPD erstmals an der Bundesregierung beteiligt. Zu den wichtigen Erfolgen der Großen Koalition zählte die schnelle Überwindung der wirtschaftlichen Rezession. Darüber hinaus wurde die heftig umstrittene *Notstandsgesetzgebung* verabschiedet. Dagegen scheiterte der Versuch, ein „mehrheitsbildendes", die kleinen Parteien chancenlos machendes Wahlrecht einzuführen, schließlich am Widerstand der SPD. Die Große Koalition trug dazu bei, daß sich neben der zahlenmäßig kleinen FDP-Opposition im Bundestag auch eine Außerparlamentarische Opposition (APO) etablierte, die insbesondere von studentischem Protest getragen war.

29. Bei der *Bundestagswahl 1969* gelangten wiederum nur drei Parteien in den Bundestag. Die NPD verfehlte dieses Ziel mit 4,3%. Die Neuorientierung der FDP und Hinweise ihrer Führung, sie strebe eine Koalition mit der SPD an, trugen dazu bei, daß die FDP über ein Drittel ihrer Wähler einbüßte und auf 5,8% absank. Dennoch ermöglichte das Wahlergebnis eine SPD-FDP-Regierungskoalition. Erstmals mußte die Union als stärkste Fraktion auf Bundesebene die Oppositionsrolle übernehmen.

Die neue Regierung mit Bundeskanzler Brandt an der Spitze trat mit einem Programm der Reformen an. Vor allem im Zusammenhang mit der Ostpolitik verlor sie aber durch Übertritte von Abgeordneten der FDP und SPD zur Unions-Fraktion ihre knappe Parlamentsmehrheit von 12 Mandaten.

30. Der Versuch der CDU/CSU, im April 1972 im Wege des konstruktiven Mißtrauensvotums Bundeskanzler Brandt durch ihren Fraktionsvorsitzenden Rainer Barzel zu ersetzen, scheiterte in geheimer Abstimmung knapp (247 Stimmen statt der erforderlichen 249). Angesichts der Patt-Situation im Bundestag war die Regierung Brandt jedoch handlungsunfähig. Erstmals wurde eine Lösung über vorzeitige Neuwahlen gesucht. Bundeskanzler Brandt stellte die *Vertrauensfrage,* erhielt – wie vorgesehen – keine Mehrheit, und auf Vorschlag des Kanzlers löste der Bundespräsident den Bundestag daraufhin auf

(Verfahren nach Art. 68 GG). Für November 1972 wurden Neuwahlen angesetzt. Damit war der Wähler aufgerufen, für klare Mehrheitsverhältnisse zu sorgen. Im Wahlkampf standen die Ostpolitik und die Kanzlerkandidaten im Vordergrund. Diesmal wirkte sich der „Kanzlerbonus" zugunsten der SPD aus. Die Wähler entschieden sich in der *Bundestagswahl 1972* eindeutig für eine Fortsetzung der SPD-FDP-Koalition und gaben ihr eine solide Mehrheit. Die Union mußte sogar ihre Position als stärkste Bundestagsfraktion an die SPD abgeben.

Kritik an der Amtsführung von Bundeskanzler Brandt und der von ihm geführten Bundesregierung trug dazu bei, daß die Parteien der Regierungskoalition bei Landtagswahlen deutliche Verluste hinnehmen mußte und die Union wieder an Boden gewann. 1974 übernahm Bundeskanzler Brandt die politische Verantwortung für Versäumnisse in der Spionage-Affäre Guilleaume und trat zurück.

31. Sein Nachfolger Helmut Schmidt konkurrierte bei der *Bundestagswahl 1976* mit dem Kanzlerkandidaten der Union, Helmut Kohl, um die politische Führungsposition. Die Wählerschaft spaltete sich in zwei fast gleichstarke Blöcke. Zwar wurde die CDU/CSU wieder stärkste Parlamentsfraktion und erreichte mit 48,6% das zweitbeste Wahlergebnis ihrer Geschichte, aber eine Ablösung der Regierung gelang ihr nicht. SPD und FDP erhielten eine knappe Mehrheit von 10 Bundestagsmandaten und gingen erneut eine Koalition ein. Die Konzentration der Stimmen auf die drei Bundestagsparteien erreichte 1972 und 1976 ihren bisherigen Höhepunkt. In beiden Wahlen entfielen weniger als 1% der Stimmen auf andere Parteien.

32. Bei der *Bundestagswahl 1980* trat die CDU/CSU-Opposition mit dem bayerischen Ministerpräsidenten Strauß als Kanzlerkandidat gegen den amtierenden Bundeskanzler Helmut Schmidt als Chef der SPD-FDP-Koalition an, die ihren Willen erklärte, ihr Bündnis für eine weitere Legislaturperiode fortzusetzen. Die Union mußte mit 44,5% der Stimmen eine deutliche Niederlage hinnehmen, wozu beitrug, daß ihr Kanzlerkandidat außerhalb Bayerns auch bei den eigenen Wählern nicht geschlossen unterstützt wurde. Den stärksten Stimmenzuwachs erzielte nach einem polarisierten Wahlkampf die FDP – mit insgesamt 10,7% der Zweitstimmen ihr zweitbestes Wahlergebnis –, deren Gewicht innerhalb der Koalition damit zunahm. Die Grünen, die auf Länderebene bereits erste Durchbrüche erzielt hatten, erreichten mit 1,5% der Stimmen allenfalls einen Achtungserfolg.

33. Nach der Bundestagswahl 1980 entwickelten sich die Koalitionsparteien SPD und FDP stärker auseinander, und die Konflikte in den Feldern Wirtschaftspolitik – Wege der Krisenbekämpfung –, Energiepolitik und Sicherheitspolitik – Nato-Doppelbeschluß – nah-

men zu. Im Zusammenhang mit starken Wählerverlusten von SPD und FDP – mehrfaches Scheitern der FDP an der 5-Prozent-Klausel auf der Ebene von Ländern und Kommunen – zugunsten der Union und der Grünen kam es zu einer krisenhaften Zuspitzung, die am 17.9.1982 zum Rücktritt der FDP-Bundesminister führte und mit dem erfolgreichen konstruktiven Mißtrauensvotum gegen Bundeskanzler Schmidt am 1.10.1982 – Wahl von Helmut Kohl zum neuen Bundeskanzler – in einer CDU/CSU-FDP-Koalition mündete. Damit hatte erneut die FDP einen Regierungswechsel herbeigeführt, dieses Mal während der Legislaturperiode ohne ein neues Wählervotum.

Forderungen nach sofortigen Neuwahlen, die insbesondere von SPD und CSU erhoben wurden, fanden kein Gehör. In seiner Regierungserklärung kündigte Bundeskanzler Helmut Kohl vorgezogene Neuwahlen für den März 1983 an, ohne den Weg dazu bereits nennen zu können. Die „Wende" führte die FDP erst einmal in eine innerparteiliche Zerreißprobe und eine äußere Existenzkrise, da sie bei mehreren Landtagswahlen scheiterte und dabei meist von den Grünen als „Dritte Kraft" ersetzt wurde (s. Ziff. 180).

Eine heftige Diskussion ergab sich auch über verfassungskonforme Wege zu vorgezogenen Neuwahlen, die aufgrund der Weimarer Erfahrungen im Grundgesetz bewußt erschwert worden waren. Der von Bundeskanzler Kohl gewählte Weg über die Vertrauensfrage (Ergebnis 8 Ja, 218 Nein, 248 Enthaltungen) wurde von dem für die Entscheidung über Neuwahlen zuständigen Bundespräsidenten schließlich akzeptiert: „...ergibt sich nach meiner Überzeugung, daß eine handlungsfähige parlamentarische Mehrheit zur Unterstützung der Regierungspolitik nicht mehr vorhanden ist. In dieser kritischen Situation, die in der Geschichte der Bundesrepublik bisher einmalig ist, erscheint mir die von allen Parteien erhobene Forderung nach Neuwahlen auch politisch begründet." (Rede von Bundespräsident Carstens am 7.1.1983 über Hörfunk und Fernsehen)

1.5.1 Bundestagswahl 1983

34. Die Bundestagswahl 1983 fand in einem aufgeheizten, polarisierten Klima und in einer Situation mit vielen Unbekannten statt. Sie stand am Ende eines langen Wahlkampfes, der faktisch mit dem Regierungswechsel im Oktober 1982 begonnen hatte. Unter diesem Aspekt war die Wahl eine verspätete Volksabstimmung über den Regierungswechsel. Offene Fragen waren darüber hinaus, ob die Union eine absolute Mehrheit erhalten und ob die FDP und die Grünen die 5-Prozent-

Hürde nehmen würden. Zudem trat die SPD nach dem Verzicht Helmut Schmidts mit einem neuen Kanzlerkandidaten – ihrem Fraktionsvorsitzenden Hans-Jochen Vogel – gegen den amtierenden Bundeskanzler Helmut Kohl an.

Ergebnis

35. Das Wahlergebnis fiel überraschend eindeutig aus. Die Union konnte sich mit einer Differenz von mehr als 10 Prozent-Punkten eindeutig gegen die SPD durchsetzen, blieb aber unterhalb der absoluten Mehrheit. Die FDP zog wieder sicher in den Bundestag ein und garantierte der Regierungskoalition damit eine klare Mehrheit. Mit den Grünen schaffte eine „Vierte Kraft" den Sprung in den Bundestag, so daß die Konzentration der Stimmen auf die etablierten Bundestagsparteien weiter zurückging.

36. Die Wahlbeteiligung war mit 89,1% hoch, aber der Zuwachs von 0,5% gegenüber 1980 fiel angesichts der außergewöhnlichen Wahlumstände eher bescheiden aus. Dabei blieb die „Partei der Briefwähler" auf hohem Niveau und erreichte 10,5% der abgegebenen Stimmen (1980 13%). Die Auswirkungen unterschiedlicher Wahlbeteiligung blieben eng begrenzt, wobei die SPD bei hoher Wahlbeteiligung etwas besser abschnitt, während die Union und Grüne etwas bessere Ergebnisse bei niedriger Wahlbeteiligung erzielten. CDU/CSU wurden mit Ausnahme der Stadtstaaten Hamburg und Bremen in allen Bundesländern zur stärksten Partei und stellten insgesamt 244 von 498 Bundestagsabgeordneten. In Hamburg und Bremen gewann die SPD alle Direktmandate und damit zwei Sitze mehr, als ihrem Zweitstimmenanteil entsprach. Durch diese zwei Überhangmandate (s. Ziff. 67) erhöhte sich auch die Gesamtzahl der Bundestagsabgeordneten von 496 auf 498 (ohne Berlin). Insgesamt konnte die Union der SPD aber 59 Direktmandate abnehmen, so daß die SPD z.B. in Baden-Württemberg und Bayern nur noch über jeweils einen einzigen direkt gewählten Abgeordneten verfügte.

Die starken Veränderungen bei den Direktmandaten führten dazu, daß in der Unions-Fraktion drei Viertel der Abgeordneten direkt gewählt waren, gegenüber rund einem Drittel bei der SPD.

37. Eine Ursache dafür war das *Stimmensplitting,* (s. Ziff. 63)d.h. unterschiedliches Wählerverhalten mit der Erst- und der Zweitstimme. 1983 entschieden sich 10,9% aller Wähler mit gültiger Zweitstimme mit der ersten Stimme für den Kandidaten einer anderen Partei. Damit hatte das Splitting gegenüber 1980 noch einmal leicht zugenommen. Charakteristisch ist, daß die Wähler der großen Parteien CDU (4,7%), CSU (3,2%) und SPD (4,3%) die Splitting-Möglichkeit nur relativ

Abb. 2: Direktmandate 1983

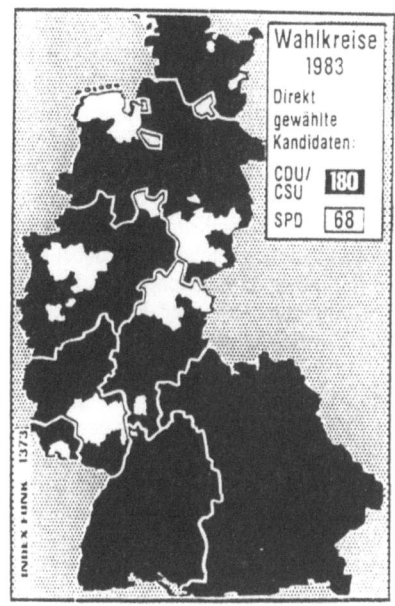

Tab.6: Stimmenkombination der FDP-Wähler

	Bundestagswahl						
Erststimme	1961	1965	1969	1972	1976	1980	1983
FDP-Kandidat	86,5	70,3	62,0	38,2	60,7	48,5	29,1
anderer Kandidat	12,0	28,4	30,7	61,2	38,3	50,9	70,3
darunter CDU/CSU	8,1	20,9	10,6	7,9	8,0	13,3	58,3
darunter SPD	9,1	6,7	24,8	52,9	29,9	35,5	10,1
darunter Sonstige	7,8	0,8	1,3	0,4	0,7	2,1	1,9
Ungültig	1,6	1,4	1,4	0,6	1,0	0,7	0,6

aus: Zeitschr. f. Parlamentsfragen 4/1983, S.558

wenig nutzten. Anders sieht es dagegen bei den Wählern von Grünen und FDP aus, von denen fast die Hälfte (47%) bzw. mehr als zwei Drittel (70%) ihre Stimmen splitteten. Dabei muß es sich keineswegs um „Leihstimmen" in dem Sinne handeln, daß Wähler aus koalitionspolitischen Erwägungen ihre Zweitstimme der Partei ihrer „zweiten Wahl" leihen und nur mit der Erststimme ihre eigentliche Parteipräferenz ausdrücken. Da die Anhänger kleiner Parteien keine Chance haben, mit der Erststimme dem Direktkandidaten ihrer Partei zum Sieg zu verhelfen, liegt es nahe, die erste Stimme nicht zu „verschenken", sondern dem „kleineren Übel" unter den chancenreichen Direktkandidaten der großen Parteien zu geben. Daß dabei koalitionspolitische Überlegungen einfließen, ist wahrscheinlich. Das zeigt gerade das Verhalten der Zweitstimmenwähler der FDP bei Wahlen mit unterschiedlichen Koalitionsbedingungen.

Einflußfaktoren

38. Das klare Wahlergebnis verdeckt, daß lange Zeit alles auf ein sehr offenes, knappes politisches Rennen hingedeutet hatte. Dies zeigen z.B. die regelmäßigen Befragungen zur Wahlabsicht, die nicht unbedingt das wirklich beabsichtigte Verhalten erfassen, wohl aber die politische Stimmungslage. Auch die Einschätzung der Siegesaussichten der großen Parteien und des Einzugs von FDP und Grünen in den Bundestag zeigt, daß sich das Klima erst kurz vor dem Wahltermin stark zugunsten der Union und der FDP verändert hatte.

39. Ein möglicher Einflußfaktor für die Wahlentscheidung sind die Persönlichkeiten insbesondere der Kanzlerkandidaten, wobei der amtierende Kanzler in den Augen der Wähler meist über einen Amtsbonus verfügt, der seiner Partei zugute kommt. Das reale Gewicht des personellen Faktors – Kanzlerkandidaten – für die Wahlentscheidung ist bisher aber ungeklärt. Kanzlerkandidat Vogel schnitt gegen den allerdings auch erst seit kurzer Zeit im Amt befindlichen Bundeskanzler Kohl in den Augen der Wähler relativ gut ab. Zwar erreichte Helmut Kohl kurz vor der Wahl einen Vorsprung gegenüber Hans-Jochen Vogel in der Gunst der Befragten, aber wie Tab. 7 zeigt, fiel dieser im Vergleich zu früheren Konstellationen Kanzler-Herausforderer gering aus. Die Bundestagswahl 1983 dürfte daher schwerlich durch die Persönlichkeit der Kanzlerkandidaten entschieden worden sein, war also in diesem Sinne sicherlich keine „Kanzlerwahl".

40. Ein weiterer Einflußfaktor ist die Bedeutung, die der Wähler unterschiedlichen politischen Sachproblemen zuordnet und wie er die Lösungskompetenz der konkurrierenden Parteien einschätzt. Wie Abb. 7 zeigt, wurden vom Wähler vor allem wirtschaftliche Probleme

als besonders wichtig eingestuft, wobei die Arbeitslosigkeit eindeutig an der Spitze stand. Gerade bei den wirtschaftlichen Problemen wurde aber einer unionsgeführten Regierung vom Wähler eine deutlich höhere Fähigkeit zur Problemlösung zugesprochen – Abb. 8 –, und zwar in beachtlichem Umfang auch von SPD-Wählern. Dieser Kompetenzvorsprung nahm während des Wahlkampfes noch deutlich zu, während gleichzeitig die Wirtschaftsprobleme immer mehr ins Zentrum der politischen Auseinandersetzung rückten.

Abb. 3: Gründe für das Stimmensplitting

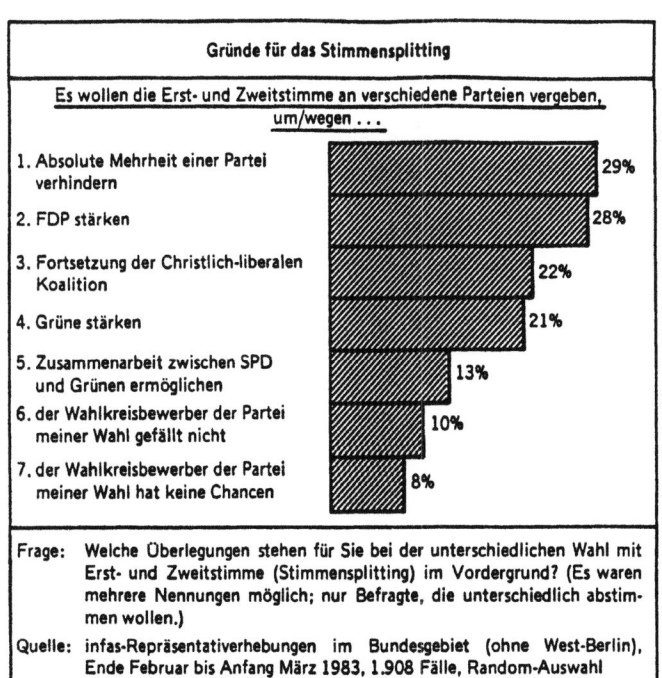

Abb. 4: Wahlabsicht (Prozentanteile „gültige Stimmen")

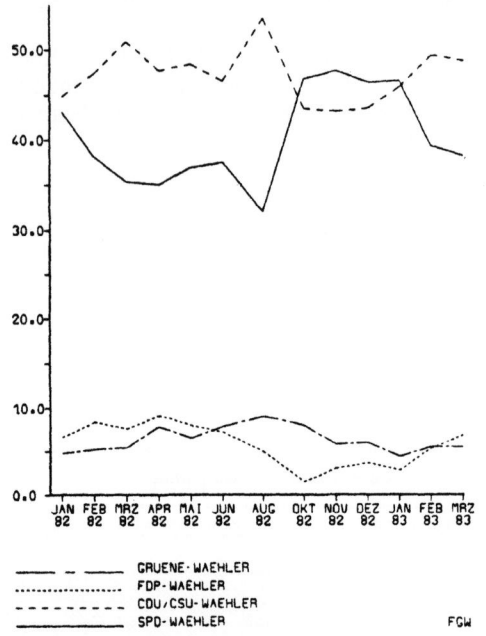

GRUENE · WAEHLER
FDP - WAEHLER
CDU / CSU - WAEHLER
SPD - WAEHLER

FGW

Abb. 5: Entwicklung der Siegesaussichten

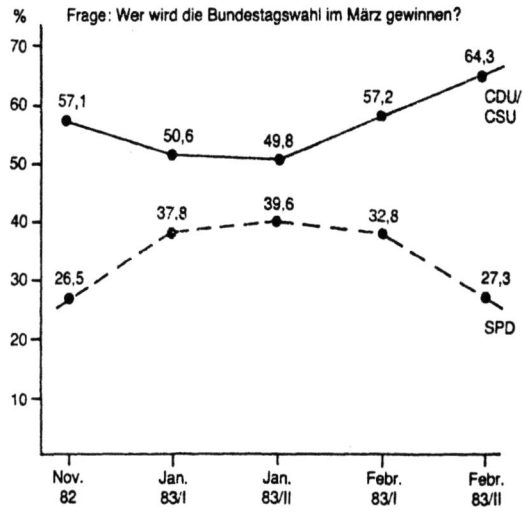

Abb. 6: Chanceneinschätzung der FDP und der Grünen

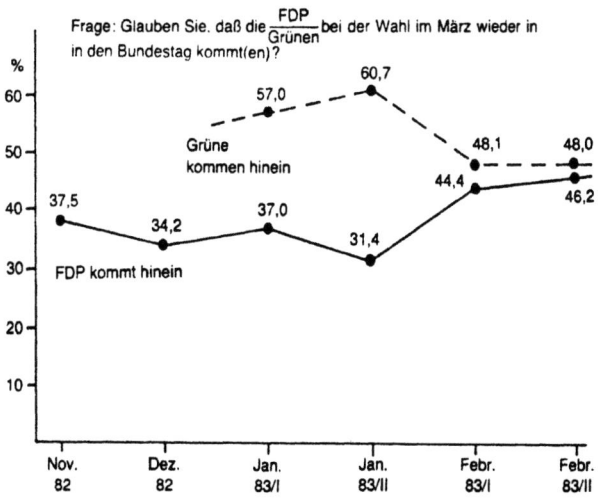

Quelle: nach Daten der FG Wahlen, Mannheim.

Tab. 7: Gewünschter Bundeskanzler 1969 - 1983*

1983	Kohl	44%
	Vogel	35%
1980	Schmidt	61%
	Strauß	29%
1976	Schmidt	51%
	Kohl	39%
1972	Brandt	56%
	Barzel	24%
1969	Kiesinger	52%
	Brandt	28%

* Die Daten, jeweils kurz vor den Wahlterminen erhoben, stammen für 1983 aus der repräsentativen Erhebung im Februar, ZA 1275. Für 1980 und 1972 aus den jeweiligen Mannheimer Wahlstudien (ZA 1053/ September + ZA 824). Die Angaben für 1972 und 1969 sind entnommen aus *Max Kaase*, Die Bundestagswahl 1972, in: PVS 14. Jg. (1973), S.155.

aus: Zeitschr. f. Parlamentsfragen 4/1983, S. 469)

Abb. 7: Die für die Wahlentscheidung wichtigsten Sachfragen

Die für die Wahlentscheidung wichtigsten Sachfragen

a) Bei der nächsten Bundestagswahl ist am wichtigsten die Entscheidung über politische Sachfragen

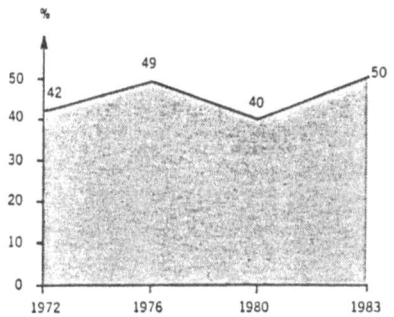

b) Die wichtigsten Sachfragen für die Wahlentscheidung sind:

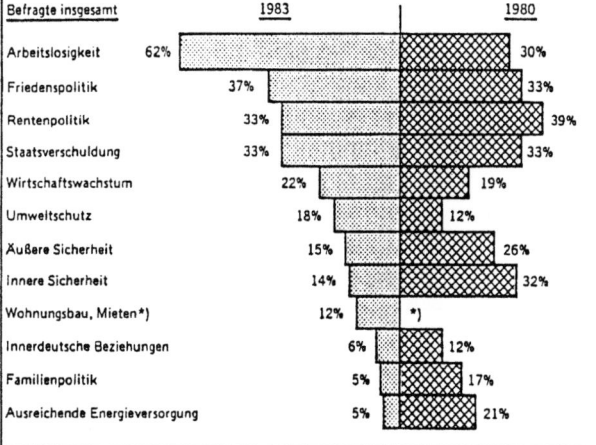

Befragte insgesamt	1983	1980
Arbeitslosigkeit	62%	30%
Friedenspolitik	37%	33%
Rentenpolitik	33%	39%
Staatsverschuldung	33%	33%
Wirtschaftswachstum	22%	19%
Umweltschutz	18%	12%
Äußere Sicherheit	15%	26%
Innere Sicherheit	14%	32%
Wohnungsbau, Mieten*)	12%	*)
Innerdeutsche Beziehungen	6%	12%
Familienpolitik	5%	17%
Ausreichende Energieversorgung	5%	21%

*) 1980 nicht erhoben

Fragen: a) Angenommen, es ginge nur um die folgenden drei Punkte: Was davon spielt für Sie bei der Bundestagswahl am 6. März die wichtigste Rolle: Die Entscheidung über die Kanzlerkandidaten, bestimmte politische Sachfragen, oder sind Sie seit längerem ohnehin fest an eine Partei gebunden?

b) Soweit es um Sachfragen geht, welche Themen hier auf dieser Karte sind für Ihre Wahlentscheidung am 6. März am wichtigsten? (Den Befragten wurde eine Karte vorgelegt. Es waren drei Nennungen möglich.)

Quelle: infas-Repräsentativerhebungen im Bundesgebiet (ohne West-Berlin), Mitte September bis Anfang Oktober 1980, 1.592 Fälle bzw. Ende Februar bis Anfang März 1983, 1.908 Fälle, Random-Auswahl

Abb. 8: Parteikompetenzen 1983

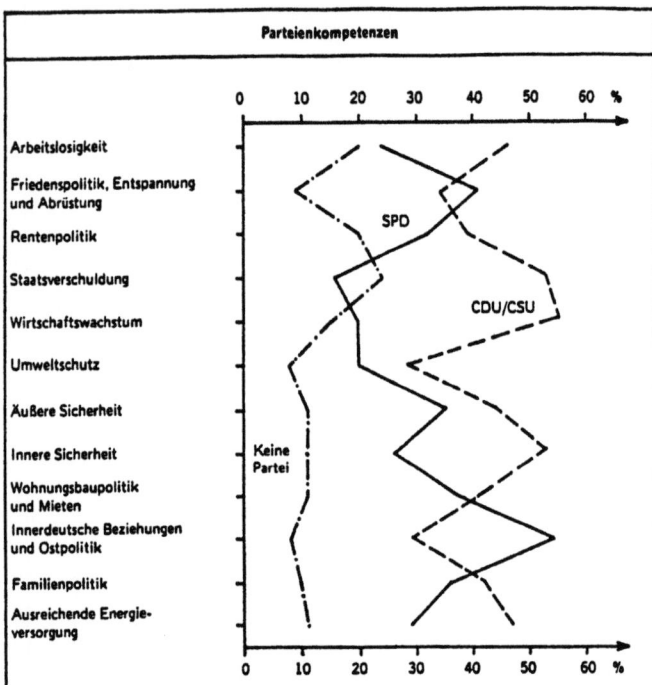

Parteienkompetenzen

| | 0 | 10 | 20 | 30 | 40 | 50 | 60 % |

Arbeitslosigkeit

Friedenspolitik, Entspannung und Abrüstung

Rentenpolitik

Staatsverschuldung

Wirtschaftswachstum

Umweltschutz

Äußere Sicherheit

Innere Sicherheit

Wohnungsbaupolitik und Mieten

Innerdeutsche Beziehungen und Ostpolitik

Familienpolitik

Ausreichende Energieversorgung

SPD · CDU/CSU · Keine Partei

| | 0 | 10 | 20 | 30 | 40 | 50 | 60 % |

Frage: Einmal abgesehen davon, welche Partei Ihnen persönlich am besten gefällt: Sagen Sie mir bitte für jedes der folgenden politischen Themen, welche Partei die jeweiligen Probleme und Aufgaben am besten löst. Wie ist das mit ...? Welche Partei löst die Probleme am besten, oder ist keine Partei dazu in der Lage?

Quelle: infas-Repräsentativerhebungen im Bundesgebiet (ohne West-Berlin), Ende Februar bis Anfang März 1983, 1.908 Fälle, Random-Auswahl

34

2. Funktionen von Wahlen

41. Funktionen von Wahlen sind abhängig von dem politischen System, in das die Wahlen eingebettet sind. In den repräsentativen, liberalen Demokratien der westlichen Industriestaaten sind Wahlen das wichtigste Element demokratischer *Partizipation*. Kompetitive Wahlen im parlamentarischen System, also Wahlen mit Wettbewerbscharakter zwischen den Parteien, können eine Vielzahl von Funktionen haben wie

„– Legitimierung des politischen Systems und der Regierung einer Partei oder Parteienkoalition;
– Übertragung von Vertrauen an Personen und Parteien;
– Rekrutierung der politischen Elite;
– Repräsentation von Meinungen und Interessen der Wahlbevölkerung;
– Verbindung der politischen Institutionen mit den Präferenzen der Wählerschaft;
– Mobilisierung der Wählerschaft für gesellschaftliche Werte, politische Ziele und Programme, parteipolitische Interessen;
– Hebung des politischen Bewußtseins der Bevölkerung durch Verdeutlichung der politischen Probleme und Alternativen;
– Kanalisierung politischer Konflikte in Verfahren zu ihrer friedlichen Beilegung;
– Integration des gesellschaftlichen Pluralismus und Bildung eines politisch aktionsfähigen Gemeinwillens;
– Herbeiführung eines Konkurrenzkampfes um politische Macht auf der Grundlage alternativer Sachprogramme;
– Herbeiführung einer Entscheidung über die Regierungsführung in Form der Bildung parlamentarischer Mehrheiten;
– Einsetzung einer kontrollfähigen Opposition;
– Bereithaltung des Machtwechsels" (Dieter Nohlen: Wahlrecht und Parteiensystem, Opladen 1986, S. 23)
Diese unterschiedlichen Funktionen werden nicht immer zugleich bei

einer Wahl gegeben sein. Der Bundestagswahl werden vor allem folgende Funktionen zugewiesen, die verschiedene der oben genannten Teilfunktionen umfassen können:
- Legitimation
- Repräsentation
- Auswahl
- Kontrolle

2.1 Legitimation

42. Moderne Industriegesellschaften sind sehr große, komplexe Systeme. Sie bedürfen zu ihrer Steuerung ständig einer Vielzahl politischer Entscheidungen, die nicht durch den Bürger direkt getroffen werden können. Mit der Abgabe seiner Stimme, dem Wahlakt, *legitimiert* der Bürger *Repräsentanten*, für ihn diese politischen Entscheidungen zu treffen. Die Tatsache, daß Wahlen periodisch wiederkehren, zeigt, daß der Auftrag zur politischen Machtausübung aber sachlich und zeitlich begrenzt ist.

Die bei der Wahl unterlegene Minderheit ist zu kritischer Loyalität verpflichtet. Eine wichtige Voraussetzung für die Anerkennung der Herrschaft der Mehrheit ist, daß grundlegende Interessen auch von Minderheiten Berücksichtigung finden. Im politischen System der Bundesrepublik Deutschland sorgt das Grundgesetz für eine Begrenzung der Herrschaft der Mehrheit. Die *Grundrechte* der Art. 1 bis 19 GG dürfen danach auch von einer noch so großen Mehrheit in ihrem Kern, dem Wesensgehalt, nicht angetastet werden.

Das Grundgesetz als Basis für den *Grundkonsens* ist also sowohl von den Repräsentanten als auch von den Wählern anzuerkennen. Dieser Grundkonsens machte lange Zeit die Stabilität der gesellschaftlichen Ordnung der Bundesrepublik Deutschland aus.

Allerdings zeigt sich in neuerer Zeit, besonders in den 80er Jahren, im Zusammenhang mit neuen und/oder verschärften Problemen – z.B. Kernenergie, Umweltgefährdung, Rüstungsproblematik –, daß die Zahl der Bürger wächst, die Mehrheitsentscheidungen der nach dem Verfassungssystem legitimierten politischen Entscheidungsorgane nicht hinzunehmen bereit sind und sich zu gewaltfreien, z.T. aber auch gewaltsamen Widerstand berechtigt glauben.

Eine weitere wichtige Voraussetzung für die Anerkennung der Mehrheitsherrschaft ist die reale Chance, daß die Opposition von heute zur Regierung von morgen wird. Wahlen übertragen immer nur *Macht auf*

Zeit. Die Bereitschaft der Bürger, Mehrheits- und damit Machtwechsel als demokratische Selbstverständlichkeit zu akzeptieren, scheint mit der Häufigkeit solcher Wechsel zuzunehmen. In der Bundesregierung hat es bisher zwei große Machtwechsel gegeben: 1969 von einer Großen Koalition aus CDU/CSU und SPD zu einer SPD/FDP-Koalition. 1982, als die sozial-liberale Koalition zerbrach und die FDP eine Koalition mit der CDU/CSU einging, die im März 1983 vom Wähler bestätigt wurde.

2.2 Repräsentation

43. Bei der Bundestagswahl entscheidet der Wähler direkt über seine Repräsentanten, die Abgeordneten. Mit seiner Erststimme wählt er den Abgeordneten seines Wahlkreises, mit der Zweitstimme die Liste einer Partei. Das Wahlsystem, die sogenannte *personalisierte Verhältnis-wahl,* sorgt allerdings dafür, daß über die parteipolitische Zusammensetzung des Bundestages die Zweitstimme entscheidet. (s. Ziff. 64)

Nach dem Grundgesetz sind Bundestagsabgeordnete „Vertreter des ganzen Volkes, an Aufträge und Weisungen nicht gebunden und nur ihrem Gewissen unterworfen." (Art 38,1 GG)

Das Grundgesetz kennt also kein *imperatives Mandat,* das den Abgeordneten zum Weisungsempfänger seiner Partei machen würde. Dennoch ist im parlamentarischen System im Normalfall faktisch ein Fraktionszwang wirksam, der unter dem Begriff Fraktionsdisziplin bekannt ist.

Es ist für den einzelnen Abgeordneten unmöglich, das Meinungs- und Interessenspektrum der Bevölkerung in seiner Person zu repräsentieren. Dies muß allerdings Ziel des Bundestages in seiner Gesamtheit sein. Bei nur drei Fraktionen bedeutete dies, daß schon innerhalb der einzelnen Fraktionen unterschiedliche Interessen zum Ausdruck kommen. Als 1983 mit den Grünen eine vierte Fraktion in den Deutschen Bundestag einzog, d.h, daß eine größere Zahl von Wählern dieser politischen Gruppierung ihre Unterstützung gegeben hatte, wurde deutlich, daß bei den „Altparteien" ein *Integrationsdefizit"* entstanden war. Ein Teil der Wähler sah und sieht seine Interessen bei ihnen nicht mehr angemessen vertreten.

2.3 Auswahl

44. Die Chancen der Auswahl und damit verbunden auch die Einflußmöglichkeiten des Wählers sind in Abhängigkeit von den politischen Systemen wie auch den Wahlsystemen sehr verschieden. Bei den Wahlen in den westlichen Industriestaaten mit ihrem Wettbewerbscharakter hat der Wähler wesentlich größere Einflußmöglichkeiten als in autoritären oder gar totalitären Systemen, wo zwar auch Wahlen stattfinden, diese jedoch aufgrund ihrer Funktion der Bestätigung der herrschenden Klasse das Kriterium der Auswahl nicht erfüllen können. Auch das Wahlsystem hat Auswirkungen: So hat der Wähler bei der Bundestagswahl mit zwei Stimmen schon eine größere Auswahlmöglichkeit als etwa mit einer Stimme. Die Möglichkeit, die vorgelegte Liste zu verändern, Kandidaten zu streichen und eventuell sogar noch eigene Kandidaten zu präsentieren (nicht gültig für die Bundestagswahl, aber für verschieden Kommunalwahlen), vergrößert die Auswahlmöglichkeit.

In den westlichen Demokratien entscheidet der Wähler bei der Wahl in der Regel zwischen konkurrierenden Sachprogrammen und Personalangeboten der Parteien. Allerdings ist die Programmauswahl des Wählers auch in unserem politischen System begrenzt, da er bei der Wahl nur für das Gesamtprogramm einer Partei oder eines Kandidaten votieren kann. Hinzu kommt, daß die Aussagen der Parteien über ihr politisches Programm meist recht allgemein bleiben. Zwar verabschieden die Parteien zu den Wahlen in der Regel besondere Wahlprogramme, die stärker aktualitätsbezogen sind als die Grundsatzprogramme, und die dem Wähler die von der Partei angestrebte Politik verdeutlichen sollen. Aber auch sie stehen unter dem Vorbehalt, daß z.B. die Bildung einer Koalitionsregierung Kompromisse erforderlich macht oder die politischen und wirtschaftlichen Voraussetzungen sich ändern können. Bei der Wahl kann notwendigerweise nur über die allgemeine Richtung entschieden werden; es handelt sich bei der Auswahl also um die Auswahl der unterschiedlichen Richtungen, die die Parteien vertreten. Die konkreten Entscheidungen der Parteien können später durchaus von diesen allgemeinen Richtungen abweichen Allerdings müssen Parteien bei den konkreten Sachentscheidungen die Meinungen und Interessen der Bürger berücksichtigen, da sie spätestens bei der nächsten Wahl mit der Antwort des Bürgers – nämlich unter Umständen der Verweigerung der Wiederwahl – rechnen müssen.

Der Wähler entscheidet mit seiner Stimme auch über die von den Parteien angebotenen Bewerber für politische Führungspositionen. Im Vordergrund steht dabei die Position des Bundeskanzlers. Zwar wird der Bundeskanzler nicht direkt vom Wähler, sondern von den Abgeordneten des Bundestages gewählt. Die beiden großen Parteien in der Bundesrepublik präsentieren allerdings bereits im Wahlkampf (s. Ziff. 112 ff.) – oder auch schon vorher – ihren Kanzlerkandidaten, so daß für den Wähler die personelle Auswahl zwischen den künftigen Regierungschefs gegeben ist. Auch die FDP als die kleinere Partei hat sich vor Wahlen meist nicht nur zu einer Koalitionsabsicht bekannt, sondern auch gleichzeitig zum Kanzlerkandidaten geäußert. Die Frage, wer Bundeskanzler werden soll, hat mehrere Bundestagswahlen stark beeinflußt. Z. B. gelten die Wahlen von 1965, 1972 und 1980 als „Kanzlerwahlen" – auch „Erhard-", „Brandt-" und „Schmidt-Wahlen" genannt – weil ein großer Teil der Wähler seine Entscheidung vor allem an der Person des Kanzlerkandidaten ausgerichtet hatte.

2.4 Kontrolle

45. Am Wahltag soll der Wähler nicht nur über die politischen Zielvorstellungen für die Zukunft, sondern auch über die politischen Ergebnisse der vergangenen Legislaturperiode urteilen. Die Wahl hat damit auch eine *Kontrollfunktion*. Indem der Wähler einer Partei oder Parteienkoalition die politische Mehrheit entzieht oder beläßt, übt er eine summarische politische Kontrolle aus. Je besser das politische Gedächtnis des Wählers ist, desto stärker ist die politische Kontrolle der Regierung während der gesamten Legislaturperiode.

Für die Vermittlung der politischen Diskussion und die Information des Wählers spielen die *Massenmedien* heute eine große Rolle. Hier gibt es einen gewissen strukturellen Wettbewerbsvorteil der Regierungsparteien. Da die Regierung im Zentrum des Handelns steht, gilt ihr auch die größere Aufmerksamkeit der Massenmedien. Das bedeutet, daß vollständige Chancengleichheit schon aus diesem Grunde schwer erreichbar ist.

2.5 Wahlrechtsgrundsätze

46. Die Wahlrechtsgrundsätze haben im Verlauf der Geschichte von Wahlen einen Wandel durchgemacht. Umschloß der Begriff der Allgemeinheit der Wahl im 19. Jahrhundert z.B. nur das Wahlrecht der Männer, so wird heute selbstverständlich darunter auch das Frauenwahlrecht verstanden.

Art. 38 GG legt die Grundsätze für die Wahl zum Deutschen Bundestag fest. Dort heißt es:

> **(1)** Die Abgeordneten des Deutschen Bundestages werden in allgemeiner, unmittelbarer, freier, gleicher und geheimer Wahl gewählt. Sie sind Vertreter des ganzen Volkes, an Aufträge und Weisungen nicht gebunden und nur ihrem Gewissen unterworfen.
> **(2)** Wahlberechtigt ist, wer das 18. Lebensjahr vollendet hat; wählbar ist, wer das Alter erreicht hat, mit dem die Volljährigkeit eintritt.
> **(3)** Das Nähere bestimmt ein Bundesgesetz.

2.5.1 Allgemeinheit

47. Allgemeinheit der Wahl besagt, daß grundsätzlich allen Bundesbürgern das aktive und passive Wahlrecht zusteht, unabhängig von Rasse, Geschlecht, Einkommen, Herkunft, Sprache, Beruf, Stand oder Klasse, Bildung, Konfession oder politischer Überzeugung. Die Allgemeinheit der Wahl schließt also jedes *Zensuswahlrecht* aus, d.h., das Wahlrecht darf nicht an Besitznachweis (Besitzzensus) oder Steuerleistung (Steuerzensus) oder an geistige Leistungsnachweise geknüpft werden. Gemäß einem Urteil des Bundesverfassungsgerichtes kann das Wahlrecht nur aus zwingenden Gründen eingeschränkt werden. Als solche gelten z.B. die Bindung der Wahlberechtigung an ein bestimmtes Lebensalter – in der Regel die Volljährigkeit. Es ist selbstverständlich, daß einige unerläßlich Voraussetzungen wie z.B. deutsche Staatsbürgerschaft, ständiger Wohnsitz, Besitz der geistigen Kräfte gefordert werden und nicht gegen den Grundsatz der Allgemeinheit verstoßen. Das bedeutet, daß auch die wahlfähigen Ausländer in der Bundesrepublik nicht an der Wahl teilnehmen dürfen, da sie das Kriterium der deutschen Staatsbürgerschaft nicht erfüllen.

Eine Veränderung des Bundeswahlgesetzes von 1985 führte zur Erweiterung des Kreises der Wahlberechtigten. Danach dürfen Auslandsdeutsche, die sich nicht länger als zehn Jahre außerhalb der Bundesrepublik befinden und mindestens drei Monate in der Bundesrepublik gelebt haben, an der Bundestagswahl teilnehmen. Somit können ca. 500.000 Auslandsdeutsche an der nächsten Bundestagswahl teilnehmen, obgleich sie z.T. keinerlei Beziehungen zur Bundesrepublik mehr besitzen und eventuell die innenpolitische Auseinandersetzung kaum richtig einschätzen können. Theoretisch ist damit die Wahlbeteiligung auch für 48.000 Bundesbürger in Australien möglich, die in den letzten neun Jahren in dieses Land auswanderten.

Der Grundsatz der Allgemeinheit der Wahl gilt darüber hinaus auch für das passive Wahlrecht, d.h die Wählbarkeit, das Wahlbewerbungsrecht und das Wahlvorschlagsrecht.

2.5.1 Unmittelbarkeit

48. Unmittelbare oder direkte Wahl bedeutet, daß die Wählerentscheidung ohne Zwischenschaltung eines fremden Willens zwischen Wähler und Mandatsträger zum Zuge kommt. Das schließt z.b. die Einschaltung gewählter Wahlmänner – wie bei den Präsidentschaftswahlen in den USA – aus. Die Listenwahl widerspricht der Unmittelbarkeit der Wahl nicht, wenn die Liste *nach* der Wahl durch Dritte nicht mehr veränderbar ist. Unzulässig wäre es deshalb, daß Parteien – z.B. nach dem Ausscheiden eines Mandatsträgers – Änderungen an der Reihenfolge der Liste vornehmen. Vom Beginn der Stimmabgabe an darf das Wahlergebnis nur noch von der Entscheidung der Wähler abhängen. Sind die Listen ausgeschöpft, darf eine Partei oder Wählergruppe keine neuen Kandidaten benennen; in diesem Fall kann das Mandat nicht neu besetzt werden; es verfällt.

2.5.3 Freiheit

49. Nach diesem Grundsatz kann der Wähler frei unter mehreren Parteien und Kandidaten auswählen. Er muß seinen Willen unverfälscht zum Ausdruck bringen können. Er muß also gegen Druck, Zwang und alle die freie Willensentscheidung ernstlich beeinträchtigenden Wahlbeeinflussungen von staatlicher und nichtstaatlicher Seite geschützt sein. Freiheit der Wahl bedeutet aber auch Freiheit, nicht an der Wahl teilzunehmen. Ob eine gesetzliche Wahlpflicht, die nirgendwo in der Bundesrepublik gilt, mit dem Freiheitsgrundsatz vereinbar wäre, ist zunehmend umstritten.

Auch die Kandidatenaufstellung muß frei sein. Ein Parteienmonopol bei der Kandidatenaufstellung würde gegen diesen Grundsatz verstoßen. Darüber hinaus verlangt das Prinzip der Freiheit der Wahl eine ungehinderte Wahlwerbung, in der das Grundrecht auf freie öffentliche Meinungsäußerung zum Ausdruck kommt.

2.5.4 Gleichheit

50. Nach diesem Grundsatz muß jede Wählerstimme im Rahmen des vorgegebenen Wahlsystems den gleichen Einfluß auf das Wahlergeb-

nis haben. Jeder Wähler soll sein Wahlrecht in formal möglichst gleicher Weise ausüben können. Es muß eine Zählwertgleichheit der Stimmen herrschen. Abweichungen vom formalen Gleichheitsgrundsatz dürfen entsprechend der Rechtsprechung des Bundesverfassungsgerichts nur aus zwingenden Gründen erfolgen. Solch einen Grund bildet z.b. die Funktionsfähigkeit des Parlaments. Deshalb ist die Einführung von Sperrklauseln wie die 5%-*Sperrklausel* (s. Ziff. 24) zur Abwehr von Splitterparteien zulässig. Der Gleichheitsgrundsatz erstreckt sich auch auf das Wahlvorschlagsrecht und die Einreichung von Wahlvorschlägen. Es schließt aber nicht aus, daß neue Parteien und Wählergemeinschaften zum Nachweis der Ernsthaftigkeit ihrer Bewerbung eine angemessene Zahl von Wählerunterschriften beibringen müssen. Auch die Gleichheit des passiven Wahlrechts, also der Wählbarkeit, muß gewährleistet sein. In der politischen Praxis ist der Gleichheitsgrundsatz besonders für die Parteien von Bedeutung. Den Parteien steht ein Anspruch auf formale Gleichbehandlung im Sachbereich Wahlen zu. Sie dürfen z.B. bei der Verteilung der Plakatfläche, bei der Raumvergabe durch die Gemeinden, nicht unterschiedlich behandelt werden.

2.5.5 Geheime Wahl

51. Jeder Wähler muß die Möglichkeit haben, sein Wahlrecht geheim auszuüben, so daß niemand anderes Kenntnis von seiner Wahlentscheidung erhält. Der Wähler ist sogar gezwungen, entsprechend den gesetzlichen Vorschriften geheim zu wählen, kann allerdings *nach* der Wahlhandlung seine Wahlentscheidung öffentlich kundtun. Die geheime Wahl soll sicherstellen, daß der Wähler seine politische Entscheidung frei und unkontrollierbar trifft, daß also auf ihn weder vor noch während oder nach dem Wahlakt physischer oder psychischer Druck wegen seiner Stimmabgabe ausgeübt werden kann. Das Bundesverfassungsgericht hat entschieden, daß auch die Briefwahl nicht dem Grundsatz der geheimen Wahl widerspricht.

3. Wahlsystem und Bundestagswahl

3.1 Zur Rolle von Wahlsystemen

52. Wahlsysteme umfassen die technischen Verfahrensregeln, mit Hilfe derer die Wähler ihre Kandidaten- und Parteipräferenzen in Stimmen ausdrücken können und die die Umsetzung von Wählerstimmen in Parlamentsmandate bestimmen. Das Wahlsystem regelt insbesondere

- die Aufteilung des Wahlgebietes in Wahlkreise,
- die Kandidaturmöglichkeiten, z.B. Einzelkandidatur oder Listen in unterschiedlicher Form,
- das Stimmgebungsverfahren, d.h, ob der Wähler nur eine oder mehrere Stimmen hat, und im letzteren Fall, wie er diese vergeben kann,
- das Stimmenverrechnungsverfahren, d.h., nach welchem Verfahren im einzelnen die abgegebenen gültigen Wählerstimmen in Parlamentssitze umgerechnet werden.

53. Die Entscheidung über das Wahlsystem ist nicht nur eine technische, sondern wegen der enormen Auswirkungen auf das politische System auch eine hochgradig politische Frage. Wahlsysteme beeinflussen insbesondere

- die Zusammensetzung des zu wählenden Organs und damit die Stärkeverhältnisse,
- die Struktur des Parteiensystems,
- die Entscheidungssituation für den Wähler und damit seine Meinungs- und Willensbildung,
- die Partizipationsbereitschaft des Bürgers,
- die Einflußchancen von Interessenverbänden,
- die politische Kultur.

Es ist daher verständlich, daß die Frage des Wahlsystems nicht nur in der Wissenschaft, sondern insbesondere auch in der politischen Diskussion fast immer eine Streitfrage gewesen ist. Dabei haben die Parteien ihre Haltung zum Wahlsystem – wie nicht anders zu erwarten – primär von den vermuteten Auswirkungen auf die eigenen Chancen abhängig gemacht. Im Zentrum der Diskussion standen die gegensätzlichen Systeme der Mehrheits- und Verhältniswahl, wobei beide Typen die Pole eines breiten Bandes von Kompromißmöglichkeiten bilden.

3.2 Mehrheits- und Verhältniswahl

54. Primäres Ziel der *Mehrheitswahl* ist es, eine klare Mehrheitsbildung im Parlament zu begünstigen und damit in parlamentarischen Demokratien die Regierungsbildung zu erleichtern. Bei der *Verhältniswahl* hat dagegen das Ziel Vorrang, die politischen Strömungen in der Wählerschaft möglichst genau über die Abgeordneten im Parlament zu repräsentieren.

Bei der Mehrheitswahl wird das Land in soviele Wahlkreise aufgeteilt, wie Abgeordnete in das Parlament zu wählen sind. Im einzelnen Wahlkreis konkurrieren die Kandidaten der Parteien (bzw. auch parteilose Einzelbewerber) um die Stimmen der Wähler. Bei *relativer Mehrheitswahl* erringt der Kandidat das Abgeordnetenmandat, der die meisten Stimmen erhält. Die Stimmen für die anderen Bewerber haben keinen Einfluß auf die Zusammensetzung des Parlaments, auch wenn sie zusammen die Stimmenzahl für den siegreichen Kandidaten weit übersteigen.

Bei der Verhältniswahl stehen die Listen der Parteien im Vordergrund. Jede Partei erhält beim reinen Typus der Verhältniswahl soviel Abgeordnetenmandate, daß ihr Anteil an Parlamentssitzen ihrem Anteil an den Wählerstimmen entspricht.

55. Im Hinblick auf beide Wahlsysteme gibt es Argumente für und wider. Zugunsten der Mehrheitswahl wird angeführt:
- sie wirkt mehrheitsbildend und fördert daher Integration und Stabilität;
- sie ordnet die Verantwortlichkeit der Regierung und Opposition klar zu und ermöglicht daher Kontrolle und Machtwechsel durch den Wähler;
- sie zwingt den Wähler zu verantwortlicher Entscheidung;
- sie stärkt die Persönlichkeitswahl und schafft eine engere Bindung zwischen Wähler und Abgeordneten;
- sie zwingt Parteien zur Mäßigung, um Grenzwähler zu gewinnen.

Gegenargumente:

- „Wahlkreisgeometrie", d.h. das Zuschneiden der Wahlkreise entsprechend der Verteilung der eigenen Wählerschaft, wird zur großen Versuchung;
- bei günstiger Verteilung der eigenen Wähler – jeweils knapper Gewinn in vielen Wahlkreisen – wird eine Parlamentsmehrheit für eine Partei selbst gegen eine stimmenstärkere Partei möglich;
- die Stimmen für alle unterlegenen Kandidaten sind Voten für den „Papierkorb";
- in den Hochburgen von Parteien, den „sicheren" Wahlkreisen, tritt an die Stelle von Wettbewerb Apathie;
- in den einzelnen Parlamentsfraktionen dominieren die Abgeordneten aus den Hochburgen der Parteien, das Interessenspektrum der Parteien wird verengt (im Falle der SPD hieße das z.B. Dominanz der Abgeordneten aus Großstädten, kaum Vertreter aus dem süddeutschen Raum).

56. Zugunsten der Verhältniswahl wird geltend gemacht:

- die politischen Kräfteverhältnisse im Parlament geben die der Wählerschaft wieder;
- jede Stimme hat annähernd den gleichen Erfolgswert;
- da es auf jede Stimme ankommt, wird der politische Wettbewerb intensiviert;
- bei Aufstellung der Listen können die Parteien auch für die Parlamentsarbeit wichtige Personen mit besonderen Fachkenntnissen gut plazieren, die wegen mangelnder Wählerattraktivität beim Kampf um ein Direktmandat nur geringe Chancen hätten.

Gegenargumente:

- Verhältniswahl begünstigt die Parteienzersplitterung;
- sie erschwert die Regierungsbildung und verlagert die Entscheidung darüber vom Wähler zu Koalitionsverhandlungen zwischen den Parteien;
- sie verwischt bei Koalitionsregierungen die Verantwortlichkeit und erschwert damit die Kontrolle durch den Wähler;
- „anonyme" Listen lockern die Beziehung zwischen dem Abgeordneten und „seinen" Wählern;
- sie begünstigt den Einfluß von Interessenverbänden auf die Parlamentszusammensetzung (Plazierung von verbandsnahen Kandidaten auf sicheren Listenplätzen).

57. Diese Argumente werden in der Diskussion unterschiedlich gewichtet. Zu berücksichtigen ist vor allem, daß sie allenfalls die Wirkungs*richtung* der beiden Wahlsysteme beschreiben, daß aber die

Abb. 9: Verhältniswahl – Mehrheitswahl

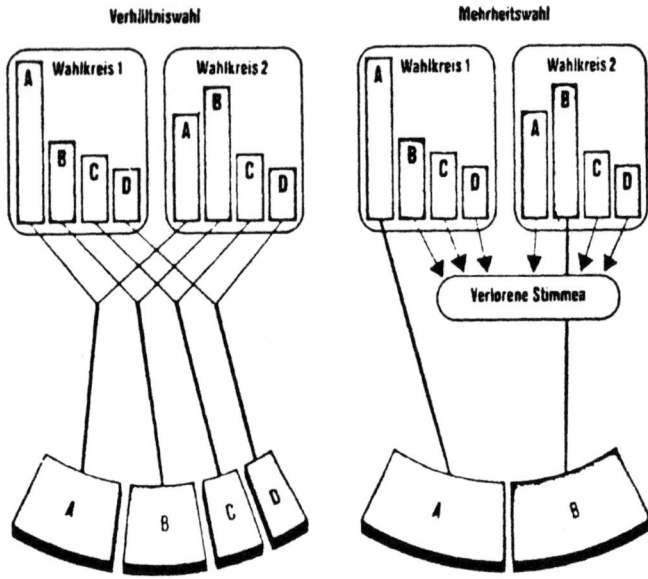

Quelle: Paul Noack, Was ist Politik? München/Zürich 1973, S. 211

konkreten Auswirkungen von den gesellschaftlichen und politischen
Rahmenbedingungen des Einzelfalls abhängig sind. Daß das Mehr-
heitswahlrecht z.B. keineswegs automatisch zu einem *Zwei-Parteien-
System* führt, belegt sogar das klassische Beispiel für diesen Typ,
nämlich Großbritannien. Hier hat sich neben der Konservativen Partei
und der Arbeiterpartei die Liberale Partei dank regionaler Hochburgen
in der gesamten Nachkriegszeit mit einer kleinen Zahl von Abgeordneten bei Parlamentswahlen behaupten können, obwohl ihr Anteil an
Unterhausmandaten bei weitem nicht ihrem Stimmenanteil entsprach.
In der Bundesrepublik dagegen hat ein modifiziertes Verhältniswahl-
recht die starke Stimmenkonzentration auf wenige Parteien nicht verhindert. Gerade das deutsche Beispiel belegt auch, daß zwischen der
reinen Mehrheits- und der reinen Verhältniswahl eine Vielzahl von
Kompromißmöglichkeiten existieren.

3.3 Das deutsche Wahlsystem bei Bundestagswahlen

3.3.1 Auseinandersetzungen um das Wahlsystem

58. Auch in der Bundesrepublik hat es um das „richtige" Wahlsystem von Beginn an heftige Auseinandersetzungen gegeben, die auch dazu geführt haben, daß das Wahlsystem nicht im Grundgesetz verankert worden ist. Das Wahlsystem ist nur im Bundeswahlgesetz geregelt und kann daher mit einfacher Mehrheit im Bundestag und -rat jederzeit geändert werden – eine problematische Regelung.

Bei der Beratung im Parlamentarischen Rat setzten sich die Anhänger der Verhältniswahl – u.a. SPD und FDP – gegen die Verfechter der Mehrheitswahl – insbesondere die Union – im Grundsatz durch, wobei die Parteipositionen mit der aus dem Wahlsystem folgenden Chancenverteilung für die genannten Parteien deutlich übereinstimmten.

In der politischen Geschichte der Bundesrepublik hat es noch mehrere Vorstöße von CDU/CSU zugunsten eines „mehrheitsbildenden" Wahlrechts gegeben, von denen zwei politisch besonders folgenreich waren. 1955 führte eine Gesetzesinitiative von Unionsabgeordneten zugunsten eines Mischwahlsystems zu einer Koalitionskrise. Vorgeschlagen wurde die Verteilung von 60% der Sitze nach dem Grundsatz der Mehrheitswahl im Wahlkreis, 40% nach dem Grundsatz der Verhältniswahl über Listen, ein System, das wegen der getrennten Verteilprinzipien „Grabenwahlsystem" genannt wurde. Die FDP fühlte sich in ihrer parlamentarischen Existenz bedroht und reagierte u.a. mit der Drohung des Koalitionswechsels in verschiedenen Bundesländern, um den Gesetzesentwurf durch die Veränderung der Mehrheitsverhältnisse im Bundesrat scheitern zu lassen. Das „Grabenwahlsystem" wurde daraufhin begraben. Nach der Bildung der Großen Koalition (CDU/CSU und SPD) 1966 kündigte der neue Bundeskanzler Kiesinger in seiner Regierungserklärung an, ein mehrheitsbildendes Wahlrecht grundgesetzlich zu verankern. Dies Vorhaben scheiterte schließlich an der SPD. Dabei spielten Befürchtungen, das neue Wahlrecht werde zu einer Vorherrschaft der CDU/CSU führen, und schließlich die Koalitionsorientierung auf die FDP hin die entscheidende Rolle. Seitdem sind grundlegende Änderungen des Wahlsystems politisch nicht mehr ernsthaft versucht worden.

59. Schon im Parlamentarischen Rat ist das Grundmodell der Verhältniswahl in zwei wichtigen Punkten modifiziert worden, um Gegenargumenten so weit wie möglich Rechnung zu tragen:

– das Argument der „anonymen" Liste und der mangelnden Bindung zwischen Wähler und Abgeordneten ist dadurch aufgenommen

Tab. 8: Wie viele kennen den direkt gewählten Abgeordneten

Frage: „*Gibt es im Bundestag einen Abgeordneten,*
der speziell den hiesigen Wahlkreis vertritt?"

	Ja %	Nein – Weiß nicht %
1951	37	63
1952	36	64
1953	40	60
1954	50	50
1955	45	55
1956	42	58
1958	45	55
1962	50	50
1972	54	46
1981	57	43
1983	59	41

Schindler, Peter, Datenhandbuch zur Geschichte des Deutschen Bundestages
1980 bis 1984. Baden-Baden 1986.

worden, daß ein Teil der Abgeordneten direkt in Wahlkreisen gewählt
und eine Berücksichtigung des Persönlichkeitsfaktors für den Wähler
damit erleichtert wird;
- der Gefahr der Zersplitterung der Parteienlandschaft soll eine
Sperrklausel begegnen, die Parteien mit einem geringen Rückhalt
beim Wähler am Einzug in den Bundestag hindert. Nach mehrfachen
Verschärfungen gilt seit 1956 unverändert, daß Parteien bei der
Verteilung der Listenmandate nur berücksichtigt werden, wenn sie
mindestens 5% der im Bundesgebiet abgegebenen Zweitstimmen
erhalten oder in mindestens drei Wahlkreisen einen Sitz errungen
haben.

3.3.2 Die wichtigsten Regelungen im einzelnen

60. Das Bundeswahlgesetz sieht vor, daß der Bundestag einschließlich 22 Berliner Abgeordneter aus 518 Abgeordneten besteht. Von den
496 Abgeordneten des Bundesgebietes werden 248 in Wahlkreisen, die
anderen Hälfte über Landeslisten der einzelnen Bundesländer gewählt.

Die 22 Abgeordneten Westberlins werden aufgrund des Viermächte-Status der Stadt nicht direkt gewählt, sondern vom Berliner Abgeordnetenhaus entsprechend der Stärke der dort vertretenen Parteien bestimmt. Im Bundestag besitzen die Berliner Abgeordneten ein begrenztes Stimmrecht. So zählen ihre Stimmen wirksam nur bei Beschlüssen über die Geschäftsordnung.

Wahlkreiseinteilung

61. Bei den 248 Wahlkreisen des Bundesgebietes handelt es sich um Einer-Wahlkreise, weil darin stets nur ein Kandidat gewählt wird. Jeder Wahlkreis muß ein zusammenhängendes Ganzes bilden. Für die Wahlkreiseinteilung sind darüber hinaus die Gesichtspunkte der Übereinstimmung mit den politischen Grenzen, der landsmannschaftlichen Geschlossenheit des Wahlkreises und einer möglichst gleichen Bevölkerungszahl der Wahlkreise maßgebend. Die Abweichung von der durchschnittlichen Bevölkerungszahl der Wahlkreise soll nicht mehr als ein Drittel nach oben und nach unten betragen. Für entsprechende Änderungsvorschläge an den Bundestag ist eine vom Bundespräsidenten ernannte Wahlkreiskommission zuständig. Aufgrund der Bevölkerungsverschiebungen haben z.B. 1979 Baden-Württemberg, Bayern und Niedersachsen je einen zusätzlichen Wahlkreis erhalten, während Nordrhein-Westfalen (2) und Hamburg (1) Wahlkreise abgeben mußten.

Kandidaturen

62. Bundestagskandidaten können sich sowohl in einem Wahlkreis (als Vertreter einer Partei oder als Einzelkandidat) bewerben als auch über die Landesliste einer Partei. Bei der letzteren handelt es sich um eine starre Liste, d.h., die Rangfolge der Listenkandidaten wird in einem innerparteilichen Entscheidungsprozeß festgelegt und kann vom Wähler nicht verändert werden.

Stimmgebungsverfahren

63. Jeder Wähler verfügt seit der Bundestagswahl 1953 über zwei Stimmen. Mit der Erststimme kann er den Kandidaten seines Wahlkreises, mit der Zweitstimme die Liste einer Partei wählen. Damit hat er die Möglichkeit des „Splitting", d.h., er kann die Erststimme einem Bewerber einer anderen Partei geben als der, für die er mit seiner Zweitstimme votiert. Besonderen Wert auf das Zwei-Stimmen-Verfahren legt die FDP, die dieses Verfahren auch in den Bundesländern anstrebt (bei Landtagswahlen haben die Wähler nur *eine* Stimme) und z.B. in Niedersachsen nach der Landtagswahl 1986 zum Bestandteil der Koalitionsvereinbarung gemacht hat. Ob die mit dem Zweit-

Stimmen-Verfahren ursprünglich angestrebte stärkere Bindung zwischen Wähler und „seinem" Abgeordneten erreicht wurde, muß bezweifelt werden. Bis Mitte der 60er Jahre war das Splitting selten, und auch besonders prominente und angesehene Politiker konnten bei den Erststimmen im Vergleich zu den Zweitstimmen nur geringfügig bessere Ergebnisse erreichen. Die meisten Wähler orientieren sich an der Partei, und ein erstaunlich hoher Prozentsatz weiß nicht einmal, daß es einen Abgeordneten speziell für den Wahlkreis gibt (vgl. Tab. 8).

Das verstärkte Stimmensplitting bei den letzten Bundestagswahlen dürfte eher auf Chancen- und Koalitionskalküle zurückgehen.

Stimmenverrechnungsverfahren

64. In den 248 Wahlkreisen sind diejenigen Kandidaten gewählt, die die relative Mehrheit der abgegebenen gültigen Erststimmen erzielt haben. Damit reicht für einen Kandidaten der Vorsprung von einer Stimme gegenüber den Konkurrenten, um in den Bundestag zu gelangen.

Die anderen 248 Mandate werden über die Landeslisten der Parteien verteilt. Die Listen werden für die einzelnen Bundesländer eingereicht. Wenn gegenüber dem Bundeswahlleiter nichts anderes erklärt wird, gelten Landeslisten derselben Partei als *verbunden*, d.h., die auf sie entfallenen Stimmen werden zu einer Gesamtstimmenzahl addiert, mit der die Partei an der verhältnisgerechten Sitzverteilung teilnimmt.

65. Diese Sitzverteilung vollzieht sich in vier Schritten:

1. Ermittlung der Ausgangszahl
Von den 496 zu verteilenden Sitzen im Bundestag (ohne die 22 Sitze für Berliner Abgeordnete) werden diejenigen Direktmandate abgezogen, die von folgenden Bewerbern gewonnen wurden:
– Bewerber ohne Parteibindung
– Bewerber, deren Partei wegen Unterschreiten der 5-Prozent-Grenze von der verhältnismäßigen Verteilung der Sitze ausgeschlossen ist,
– Bewerber, deren Partei keine Landesliste eingereicht hat.

2. Verteilung der Sitze im Wahlgebiet
Die so ermittelten Sitze werden nach dem Proportionsverfahren Niemeyer (s. Ziff. 66) gemäß den von den Parteien errungenen Zweitstimmen auf die Listen bzw. Listenverbindungen der Parteien verteilt, wobei die Sperrklausel berücksichtigt wird.

3. Verteilung der Sitze auf die Landeslisten
Die einer jeden Listenverbindung zustehenden Sitze werden nach dem Niemeyer-Verfahren auf die einzelnen Glieder der Listenverbindungen, also die Landeslisten, entsprechend den in einzelnen Bundesländern erreichten Zweitstimmen verteilt. Dieser Schritt entfällt für Parteien, die keine Listenverbindungen eingegangen sind oder nur regional antreten, wie z.B. die bayerische CSU.

4. Vergabe der Sitze an die Listenbewerber

Von der so ermittelten Zahl der Sitze, die die Parteien in jedem Bundesland zu beanspruchen haben, werden die von ihnen dort direkt gewonnenen Mandate abgezogen. Die verbleibende Zahl an Sitzen wird auf die Listenbewerber in der Listenrangfolge vergeben, wobei bereits direkt gewählte Bewerber übergangen werden.

Vom Verfahren d'Hondt zum Verfahren Niemeyer

66. Bei den mathematischen Berechnungsverfahren für die Zuteilung der Sitze konkurrieren vor allem das d'Hondtsche *Höchstzahlverfahren* und das *Proportionalverfahren* nach Niemeyer. Nach dem für die bisherigen Bundestagswahlen geltenden Höchstzahlverfahren werden die gültigen Zweitstimmen für jede Partei, die die Sperrklausel überwindet, nacheinander durch die Zahlen 1, 2, 3, 4, 5 usw. geteilt; aus der Höhe der so errechneten Quotienten ergibt sich die Reihenfolge der zu verteilenden Sitze.

Bei der Bundestagswahl 1987 wird erstmals das mathematische Proportionsverfahren Niemeyer angewandt werden; das Bundeswahlgesetz wurde 1985 entsprechend geändert. Beim Niemeyer-Verfahren

Abb. 10: Verfahren der Sitzverteilung

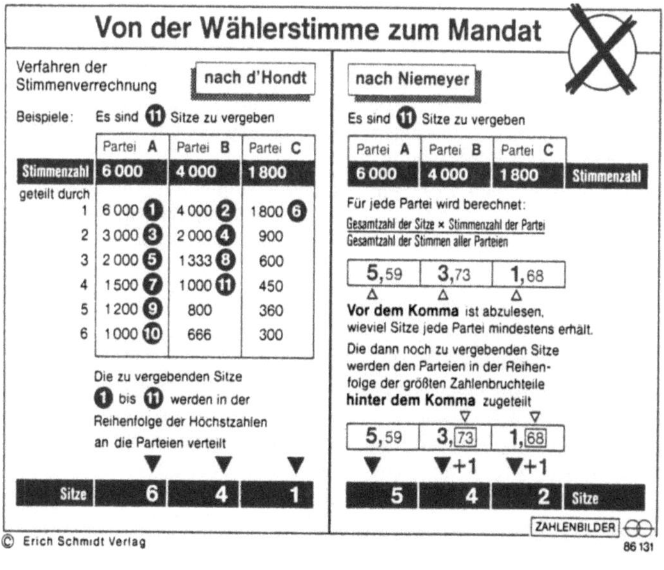

wird die Zahl der zu vergebenden Sitze mit der Stimmenzahl jeder Partei multipliziert und dieses Produkt durch die Gesamtzahl der Stimmen aller Parteien geteilt. Berücksichtigt werden dabei auch im Nenner nur die Stimmen der Parteien, die die Sperrklausel überwunden haben.

Das Höchstzahlverfahren begünstigt im Grenzfall die großen Parteien und benachteiligt damit die kleinen, wie das Berechnungsbeispiel in Abb. 10 zeigt. Dementsprechend hat sich insbesondere die FDP für das strikt proportionale Niemeyer-Verfahren eingesetzt und die Änderung des Bundeswahlgesetzes bei den Koalitionsvereinbarungen durchgesetzt. Wäre das Niemeyer-Verfahren bereits bei den letzten Bundestagswahlen angewandt worden, hätte 1976 und 1980 die FDP, 1983 die Partei Die Grünen zu Lasten der Union jeweils einen Sitz mehr erhalten.

Überhangmandate

67. Bei der Verteilung der Sitze kann sich ergeben, daß eine Partei mehr Direktmandate in einem Bundesland gewonnen hat, als ihr nach dem Anteil der Zweitstimmen zustehen. Dann bleiben ihr diese „Überhangmandate" erhalten, denn dem direkt gewählten Kandidaten kann sein Mandat nicht wieder abgenommen werden. Es ziehen dann also entsprechend mehr Abgeordnete in den Bundestag ein.

Überhangmandate sind Einsprengsel des Mehrheitswahlrechts. Die Wahrscheinlichkeit von Überhangsmandaten wächst, wenn eine Partei relativ viel Direktmandate mit einem relativ geringen Prozentsatz der Gesamtstimmen gewinnt. Überhangmandate sind bisher ausschließlich in bevölkerungsschwachen Bundesländern mit einer entsprechend geringen Zahl von Sitzen aufgetreten. Die höchste Zahl ergab sich bei der Bundestagswahl 1961 mit 5 Überhangmandaten zugunsten der CDU (4 in Schleswig-Holstein, wo die CDU mit 41,8% der Zweitstimmen allein 13 der 14 Wahlkreise eroberte, 1 im Saarland). Bei der Bundestagswahl 1983 erreichte die SPD 2 Überhangmandate (je 1 in Hamburg und in Bremen), wodurch sich die Zahl der Abgeordneten von 496 auf 498 erhöhte.

Überhangmandate können durch Wahlabsprachen bewußt angestrebt werden. So hat die Deutsche Partei (DP) bei der Bundestagswahl 1953 im Wahlkreis 33 ein Direktmandat errungen, weil aufgrund von Wahlabsprachen CDU und FDP auf die Aufstellung eines eigenen Wahlkreisbewerbers verzichtet hatten. Damit wurde der DP trotz nur 3,3% Zweitstimmen im Bundesgebiet nicht nur die Überwindung der Sperrklausel ermöglicht (1953 genügte noch 1 Direktmandat), es wurde auch ein Überhangmandat erreicht. Der Verzerrungseffekt, der durch Überhangmandate gegenüber einer strikt proportionalen Verteilung der Sitze anhand der Zweitstimmen eintritt, kann dadurch korrigiert werden, daß die Gesamtmandatszahl weiter aufgestockt wird und für die Überhangmandate noch Ausgleichsmandate an die anderen Parteien vergeben werden. Dies ist z.B. bei Landtagswahlen in Nordrhein-Westfalen der Fall, nicht dagegen bei Bundestagswahlen.

Mischwahlsystem oder personalisierte Verhältniswahl?

68. Aufgrund der Mehrheitswahl in den Wahlkreisen (Erststimme) und der Verhältniswahl bei den Landeslisten (Zweitstimme) ist das Wahlsystem verschiedentlich als *Mischwahlsystem* bezeichnet worden. Da aber im Ergebnis die Mandatsverteilung von dem Zweitstimmenanteil der Parteien abhängt (Anrechnung der bereits gewonnenen Direktmandate), ist diese Bezeichnung irreführend. Es handelt sich beim Bundestagswahlsystem grundsätzlich um ein Verhältniswahlsystem, das nur durch die 5-Prozent-Sperrklausel und die Möglichkeit von Überhangmandaten geringfügig durchbrochen wird. Im Hinblick auf die angestrebte Verbindung des Persönlichkeitselements – Möglichkeit der Direktwahl von Abgeordnete in den Wahlkreisen – mit der Verhältniswahl wird die Bezeichnung,,*personalisierte Verhältniswahl*" dem Bundestagswahlsystem am ehesten gerecht.

4. Die Parteien – Träger der Wahl

69. Die politische Willensbildung ist in modernen Massendemokratièn ohne Parteien schwerlich denkbar. Dies gilt gerade auch im Hinblick auf Wahlen. Parteien sind die wichtigste organisierende Mittlerinstanz zwischen Bevölkerung und Staat. Sie treffen aus der Vielzahl der politischen Sach- und Personalinteressen eine Vorauswahl und bündeln sie zu einem Angebot an den Wähler. Die Schlüsselposition, die die Parteien in unserem politischen System innehaben, kommt in der Bezeichnung *Parteiendemokratie* zum Ausdruck.

4.1 Rechtliche Normierungen: Grundgesetz und Parteiengesetz

70. Erstmals in einer deutschen Verfassung ist die wichtige Rolle der Parteien im Grundgesetz ausdrücklich anerkannt worden. Gleichzeitig ist versucht worden, sie mit Bedingungen zu verknüpfen und damit verfassungsrechtliche Sicherungen einzubauen. So heißt es in Art. 21 Abs. 1 GG: „Die Parteien wirken bei der politischen Willensbildung mit. Ihre Gründung ist frei. Ihre innere Ordnung muß demokratischen Grundsätzen entsprechen. Sie müssen über die Herkunft ihrer Mittel öffentlich Rechenschaft geben." (Der letzte Satz ist 1983 geändert worden, um Ausgaben und Vermögen der Parteien einzubeziehen.) Mitwirkung bei der politischen Willensbildung bedeutet nicht nur, daß den Parteien eine wichtige Aufgabe zugewiesen, sondern auch, daß ihnen ein Monopolanspruch nicht zugestanden wird. Zugleich werden wegen der Bedeutung der Parteien die Eckwerte innerparteiliche Demokratie (s. Ziff. 76 ff.) und Transparenz der Finanzierung (s. Ziff. 74 ff.) ausdrücklich vorgegeben.

71. Die weitestgehende Sicherung enthält Art. 21 Abs. 2 GG:

> **„Parteien, die nach ihren Zielen oder nach dem Verhalten ihrer Anhänger darauf ausgehen, die freiheitlich demokratische Grundordnung zu beeinträchtigen oder zu beseitigen, oder den Bestand der Bundesrepublik Deutschland zu gefährden, sind verfassungswidrig. Über die Frage der Verfassungswidrigkeit entscheidet das Bundesverfassungsgericht."**

Die ausschließliche Zuständigkeit des Bundesverfassungsgerichts für ein Parteienverbot soll verhindern, daß z.b. die von Parteien getragenen Regierungen den Art. 21 Abs. 2 GG mißbrauchen, um unliebsame Konkurrenzparteien auszuschalten. Das Bundesverfassungsgericht entscheidet nur auf Antrag, der von der Bundesregierung, dem Bundestag und dem Bundesrat gestellt werden kann. Es hat bisher in zwei Fällen Parteien als verfassungswidrig verboten, 1952 die Sozialistische Reichspartei (SRP), eine Nachfolgeorganisation der NSDAP, und 1956 die Kommunistische Partei Deutschlands (KPD). Ein Parteienverbot hat u.a. zur Folge, daß die Abgeordneten der verbotenen Partei ihr Mandat verlieren.

72. Art. 21 Abs. 3 GG verweist ausdrücklich darauf, daß das Nähere durch Bundesgesetze geregelt wird. Das Parteiengesetz, der Versuch einer systematischen Regelung, ist aber erst 1967 verabschiedet worden, wofür vor allem Auseinandersetzungen zwischen den Parteien über die Offenlegung der Finanzen verantwortlich waren.

In § 2 Abs. 1 Parteiengesetz wird der Parteienbegriff wie folgt definiert: „Parteien sind Vereinigungen von Bürgern, die dauernd oder für längere Zeit für den Bereich des Bundes oder eines Landes auf die politische Willensbildung Einfluß nehmen und an der Vertretung des Volkes im Deutschen Bundestag oder einem Landtag mitwirken wollen, wenn sie nach dem Gesamtbild der tatsächlichen Verhältnisse, insbesondere nach Umfang und Festigkeit ihrer Organisation, nach der Zahl ihrer Mitglieder und nach ihrem Hervortreten in der Öffentlichkeit, eine ausreichende Gewähr für die Ernsthaftigkeit dieser Zielsetzung bieten. Mitglieder einer Partei können nur natürliche Personen sein." Trotz der schwammigen Formulierung ist mit der Orientierung auf die Parlamente von Bund und Ländern eine zweifache Abgrenzung verbunden,

- einmal gegenüber Interessenverbänden, Bürgerinitiativen usw., die keine Kandidatur bei politischen Wahlen anstreben,
- zum anderen gegenüber den kommunal begrenzten „Rathausparteien".

Mit dem Parteistatus sind bestimmte Sonderrechte und -pflichten verbunden, wie z.B. die schon erwähnte Regelung, daß eine Partei nur vom Bundesverfassungsgericht verboten werden kann.

4.2 Funktionen von Parteien

73. Auch die im Grundgesetz vorgegebene zentrale Aufgabe der Parteien wird in § 1 Abs. 2 Parteiengesetz ausdifferenziert:
„Die Parteien wirken an der Bildung des politischen Willens des Volkes auf allen Gebieten des öffentlichen Lebens mit, indem sie insbesondere
- auf die Gestaltung der öffentlichen Meinung Einfluß nehmen,
- die politische Bildung anregen und vertiefen,
- die aktive Teilnahme der Bürger am politischen Leben fördern,
- zur Übernahme öffentlicher Verantwortung befähigte Bürger heranbilden,
- sich durch Aufstellung von Bewerbern an den Wahlen in Bund, Ländern und Gemeinden beteiligen,
- auf die politische Entwicklung in Parlament und Regierung Einfluß nehmen,
- die von ihnen erarbeiteten politischen Ziele in den Prozeß der staatlichen Willensbildung einführen und
- für eine ständige lebendige Verbindung zwischen dem Volk und den Staatsorganen sorgen."
Der Aufgabenkatalog macht bereits das außerordentlich breite Wirkungsfeld der Parteien deutlich. Die Realität zeigt eher noch eine Expansion der Parteienaktivitäten, die unter dem Gesichtspunkt „Übermacht der Parteien" auch kritisch diskutiert wird. Stichworte in diesem Zusammenhang sind die parteipolitische Einflußnahme auf die Massenmedien und die parteipolitische „Durchdringung" des öffentlichen Dienstes („Parteibuchwirtschaft"). Gefragt wird auch, inwieweit es den Parteien noch gelingt, für eine „lebendige Verbindung zwischen dem Volk und den Staatsorganen" zu sorgen. Im Zentrum der Kritik an den Parteien standen in den letzten Jahren schließlich deren Finanzierungspraktiken, die teilweise noch die Gerichte beschäftigen.

4.3 Parteienfinanzierung

74. Nicht zu bestreiten ist, daß die Parteien zur Erfüllung ihrer Aufgaben auch Finanzen benötigen, aber höchst umstritten ist die notwendige Höhe und die Art der Finanzierung. Die Parteienfinanzierung in der Bundesrepublik ist durch Urteile des Bundesverfassungsgerichtes stark beeinflußt worden:

– Im „Parteispendenurteil" von 1958 wurde die 1954 gesetzlich eingeführte steuerliche Abzugsfähigkeit von Spenden für verfassungswidrig erklärt, weil sie dem Grundsatz der Chancengleichheit zwischen den Parteien widerspreche (Spenden der Wirtschaft waren bevorzugt den bürgerlichen Parteien zugeflossen).

– 1966 wurde die allgemeine Parteienfinanzierung aus Steuermitteln, die nach dem Urteil von 1958 verstärkt eingesetzt hatte, als verfassungswidrig verworfen. Parteien seien keine Staatsorgane und dürften daher auch nicht allgemein aus öffentlichen Mitteln alimentiert werden. Die Verfassungsrichter öffneten aber gleichzeitig ein großes Schlupfloch, indem sie es für zulässig erklärten, wenn den Parteien die „notwendigen Kosten eines angemessenen Wahlkampfes ersetzt werden". Was „notwendige" Wahlkampfkosten sind und wie sie von anderen Parteikosten abzugrenzen sind, ist eine schwierige Interpretationsfrage.

– In weiteren Urteilen sorgten die Richter unter dem Gesichtspunkt der Chancengleichheit dafür, daß die Barrieren für die Wahlkampfkostenerstattung niedriger gesetzt wurden (Berücksichtigung aller Parteien mit mindestens 0,5% der Zweitstimmen und von Einzelbewerbern, die mindestens 10% der Erststimmen erreichen).

Nach dem Urteil von 1966 einigten sich die Parteien bald auf das Parteiengesetz von 1967, das endlich auch die Vorgabe des Grundgesetzes, über die Herkunft der Parteieinnahmen öffentlich Rechenschaft abzulegen, konkretisierte und die Erstattung der Wahlkampfkosten an die Vorlage eines jährlichen Rechenschaftsberichtes band. (Zur Neuregelung in Verbindung mit dem „Parteispendenskandal" s.156 ff.).

75. Die wichtigsten Einnahmequellen und die mit ihnen verbundenen Vor- und Nachteile sind:

– *Mitgliedsbeiträge:* das klassische Instrument der „Selbstfinanzierung" der Parteien ist unter dem Gesichtspunkt größtmöglicher Unabhängigkeit der Parteien und starker Anreize zur Mitgliederwerbung besonders erwünscht. Zu berücksichtigen ist die beschränkte Zahl von Parteimitgliedern und die begrenzte Zahlungsbereitschaft vieler Mitglieder – u.a. „Irrtümer" bei der Selbsteinschätzung der Einkommen, nach denen die Beiträge gestaffelt sind – gestützt auf das Argument, neben dem zeitlichen Engagement sei ein höherer Finanzbeitrag im Vergleich zu den „parteifaulen Mitbürgern" nicht zumutbar.

- *Beiträge der Fraktionsmitglieder u.ä.:* Hier handelt es sich um nicht immer ganz freiwillige Abgaben von Politikern, die ihr Mandat meist der Partei verdanken. Diese Abgaben können auch als eine indirekte staatliche Parteienfinanzierung betrachtet werden.

- *Spenden:* Sie stellen in der Regel eine „Fremdfinanzierung" mit Hilfe parteinaher Gruppen dar, die keineswegs anrüchig sein muß. Insbesondere mit Großspenden ist aber die Gefahr verbunden, daß politische Gegenleistungen erwartet werden. Übermäßige Abhängigkeit von Großspenden muß Befürchtungen um die politische Handlungsfreiheit von Parteien wecken.

- *Wahlkampfkostenerstattung:* Sie beteiligt alle Bürger an der Parteienfinanzierung und begrenzt die Risiken einer zu starken Spendenabhängigkeit, fördert andererseits bei hohem Anteil an den Gesamtfinanzen die Unabhängigkeit vom Bürger und das Vertrauen auf die „Selbstbedienung bei Vater Staat".

Wie Tab. 9 zeigt, ist das Mischungsverhältnis der verschiedenen Einnahmequellen bei den einzelnen Bundestagsparteien sehr unterschiedlich, wobei Einzeljahre wenig aussagefähig sind. Im Vergleich führt die SPD traditionell bei den Mitgliedsbeiträgen, gefolgt von der CDU. CSU und FDP weisen einen relativ hohen Spendenanteil auf, während bei den Grünen die besonders starke Abhängigkeit von der Wahlkampfkostenerstattung auffällt.

Im Zeitvergleich haben die Einnahmen der Parteien sehr stark zugenommen, für alle Bundestagsparteien von 144 Mio. DM im Wahljahr 1969 über 355 Mio. DM 1976 auf 644 Mio. DM 1983. Allein die Bundestagswahlen sind dem Bundesbürger im doppelten Wortsinn „teuer". Die gesamte direkte öffentliche Finanzierung betrug z.B. bei der Bundestagswahl 1983 198 Mio. DM (1980 151 Mio. DM). Da die Ausgaben der Parteien vor allem im Zusammenhang mit ihrem organisatorischen Ausbau – hauptamtliche Mitarbeiter – und immer aufwendiger gestalteten Wahlkämpfen teilweise noch stärker als die Einnahmen gestiegen sind, hat sich für einige Parteien zeitweilig eine schwierige finanzielle Situation ergeben. Die Diskussion der Parteienfinanzierung wird in Zukunft neben der Einnahmen- verstärkt auch die Ausgabenseite einbeziehen müssen, über die nach der gesetzlichen Neuregelung der Parteienfinanzierung 1983 (s. 157) erstmals für 1984 Zahlen veröffentlicht worden sind.

Tab. 9: Anteil verschiedener Einnahmearten an den Gesamteinnahmen der Bundestagsparteien

Einnahmeart	Jahr	SPD in % bzw. Mio	CDU in %	CSU in %	FDP in %	Grüne in %
Mitgliedsbeiträge	1979	33,6	25,0	16,5	12,4	0,5
	1980	34,0	28,6	19,2	13,8	8,4
	1981	56,7	43,4	25,0	21,5	32,0
	1982	45,7	38,9	22,7	24,2	14,8
	1983	30,4	24,6	14,0	11,1	9,5
Beiträge der Fraktions-	1979	7,4	7,8	6,0	5,5	–
mitglieder und ähnliche	1980	7,7	9,0	7,6	5,8	–
regelmäßige Beiträge	1981	12,7	13,5	11,2	9,1	4,5
	1982	10,4	11,5	8,3	10,8	6,1
	1983	7,0	6,6	5,4	4,0	0,8
Spenden	1979	3,9	13,4	12,7	18,2	0,3
	1980	6,2	27,4	36,7	31,5	7,4
	1981	6,7	17,0	21,6	43,3	20,5
	1982	10,9	20,6	26,9	19,0	10,8
	1983	5,0	15,9	25,0	27,0	11,3
Wahlkampfkostener-	1979	51,8	50,4	64,0	48,5	98,2
stattung (einschl.)	1980	23,9	22,0	16,9	33,0	68,7
Erstattung für	1981	14,5	11,7	12,0	13,8	12,4
Europa-Wahl)	1982	22,6	23,1	26,0	28,6	49,7
	1983	53,7	49,4	52,8	34,9	69,5
Gesamteinnahmen	1979	198,9	192,2	42,1	34,5	4,9
in Mio DM	1980	207,1	177,0	46,0	35,3	6,9
	1981	122,9	182,8	33,0	24,3	2,8
	1982	149,9	146,9	42,4	22,7	7,5
	1983	233,5	252,9	68,3	49,9	19,8

Zusammengestellt nach den Rechenschaftsberichten der Parteien

Tab. 10: Ausgaben der Bundestagsparteien 1984
(in % der Gesamtausgaben)

Ausgaben / Partei	1 Personal	2 Lfd. Geschäftsbetrieb	3 Innerpart. Gremienarbeit und Information	4 Öffentl.– Arb. u. Wahlen	5 Zuschüsse an Gliederungen	6 Sonst. Ausg. (einschl. Zinsen)	Gesamt (1 – 6) abs. in Mio.
CDU	24,9	16,6	5,8	39,0	11,3	23,0	221,2
CSU	18,0	12,2	2,4	59,5	16,0	6,2	53,5
SPD	28,6	14,6	4,3	42,3	5,9	4,3	197,6
FDP	15,3	18,2	8,1	50,5	3,4	4,2	39,3
DIE GRÜNEN	5,9	8,9	9,6	38,0	32,1	5,4	26,4

Zusammengestellt nach den Rechenschaftsberichten der Parteien

Abb. 11: Parteienfinanzierung

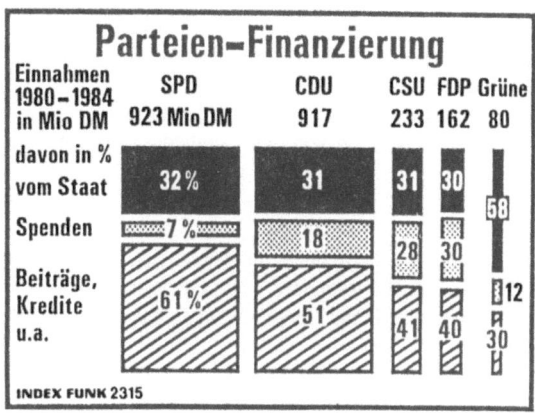

4.4 Innerparteiliche Demokratie

76. In der Bundesrepublik Deutschland sind nur knapp 5% der Wähler als Mitglieder in den Parteien organisiert.

Tab. 11: Mitgliederstand der Bundestagsparteien

Partei	Mitgliederstand	Stichtag
CDU	718.590	31.12.1985
CSU	182.715	31.01.1986
SPD	919.457	27.01.1986
FDP	65.552	31.12.1985
DIE GRÜNEN	40.225	31.03.1986

Nach Eigenangaben der Parteien

Die Chancen der Parteimitglieder, die innerparteiliche Willensbildung z.B. bei der Kandidatenaufstellung zu beeinflussen, hängen wesentlich von der inneren Organisation der Parteien ab. Wegen der Bedeutung dieser Frage ist im Grundgesetz ausdrücklich die Forderung verankert worden, daß die innere Ordnung der Parteien demokratischen Grundsätzen entsprechen muß. Im Parteiengesetz ist versucht worden, diese Vorstellung einer Willensbildung von unten nach oben durch rechtliche Rahmenbedingungen möglichst zu stützen. Zu den Vorgaben des Parteiengesetzes zählen z.B.:

- höchste Beschlußorgane der Parteien sind die Parteitage, deren Delegierte mindestens zu 80% von den Mitgliedern gewählt sein müssen;
- Vorstände müssen sich mindestens alle zwei Jahre Neuwahlen stellen;
- um die Rechte des einzelnen Mitgliedes möglichst zu sichern, sind für Ordnungsmaßnahmen, insbesondere Parteiausschlußverfahren, Schiedsgerichte zuständig, in die Vorstandsmitglieder nicht gewählt werden dürfen.

77. Formale Vorgaben sagen aber, auch wenn sie eingehalten werden, wenig aus über die tatsächliche Situation in den Parteien. Untersuchungen belegen, daß weit weniger als die Hälfte der Mitglieder regelmäßig an Parteiveranstaltungen teilnimmt. Die Masse der Mitglieder scheint auch auf das Programm der Partei und die Zusammensetzung der öffentlichen und parteiinternen Führungsgruppen nur wenig Einfluß zu nehmen. Die Willensbildung dürfte im allgemeinen mehr von oben nach unten verlaufen, wobei ein abgestuftes System von innerparteilichen Einflußgruppen zu beobachten ist.

Der Soziologe Michels hat anhand eigener Parteibeobachtungen bereits 1911 von einem „Gesetz der ehernen Oligarchie" gesprochen, demzufolge die Macht der Führer notwendig im gleichen Maßstab wächst wie die Organisation, und es in Massenparteien daher nicht die Mitbestimmung aller Mitglieder, sondern nur die Herrschaft einer kleinen Führungsgruppe geben kann. Die Frage ist allerdings, ob es sich bei der zweifellos beobachtbaren Tendenz zur Oligarchie wirklich um ein „ehernes Gesetz" handelt oder ob zumindest nicht auch Gegentendenzen bestehen, die eine echte Mitbestimmung der Mitglieder fördern.

78. Eine solche Gegentendenz beruht auf dem föderativen System der Bundesrepublik, das auch auf die Organisationsstruktur der Parteien durchschlägt und eine innerparteiliche Gewaltenteilung begünstigt. So führen z.B. die Landesverbände der CDU ein gewisses Eigenleben, das innerparteiliche Konkurrenz hinsichtlich Programm und Führungspersonal fördert. Man spricht nicht zu Unrecht von „Stammesherzogtümern" in den Parteien, die die Macht der zentralen

Abb. 12: Parteienorganisation in der Bundesrepublik Deutschland

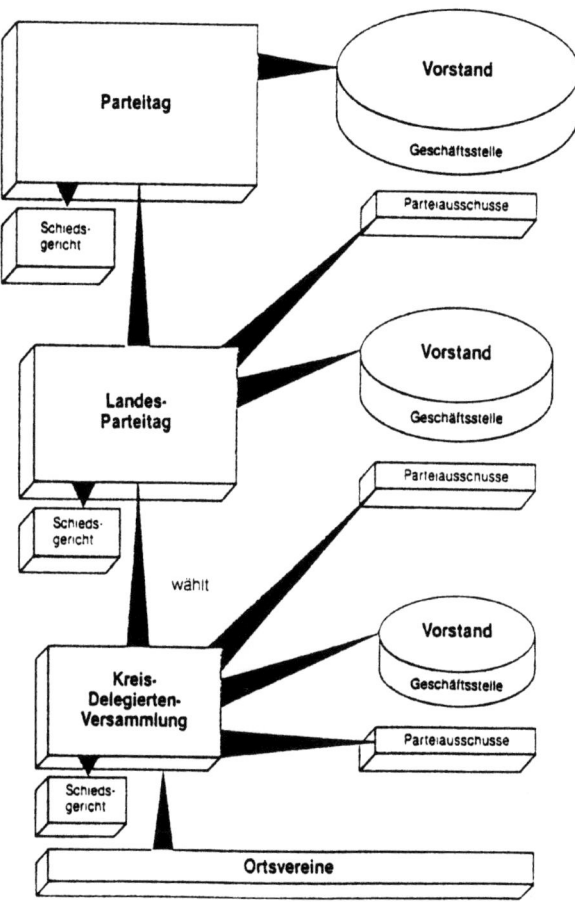

aus: Zahlenspiegel Bundesrepublik Deutschland – Deutsche Demokratische
Republik. Hrsg. Bundesministerium f. Innerdeutsche Beziehungen. Bonn 1985,
S.18

Parteiführung begrenzen. Da die Einflußmöglichkeiten des einzelnen
Mitgliedes bei verstärkter innerparteilicher Konkurrenz und inner-
parteilichem Pluralismus erfahrungsgemäß wachsen, sind auch die
innerparteilichen Sonderorganisationen – z.B. der Jugend, der Frauen,
der Arbeitnehmer, des Mittelstandes – ein belebendes Element.

63

Abb. 13: Innerparteiliche Einflußgruppen

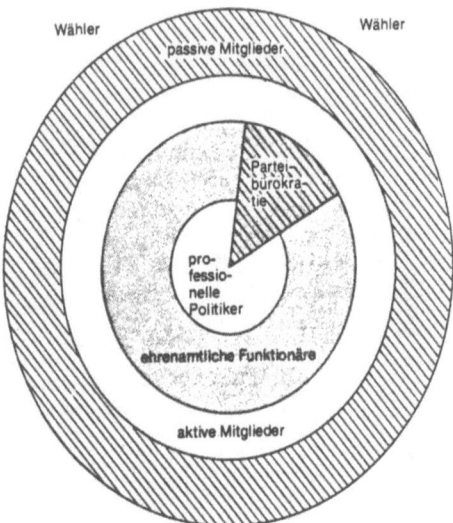

aus: Rudzio, Wolfgang, Die organisierte Demokratie. Stuttgart 1977, S.107

Gleichzeitig sind diese Sonderorganisationen auch Bindeglieder zu den entsprechenden Bevölkerungsgruppen und ihren Interessenverbänden, wobei diese wiederum versuchen, auf diesem Weg in die Parteien hineinzuwirken.

79. Mit der Entwicklung zu „Volksparteien" ist auch die Bandbreite der innerhalb der Parteien vertretenen Interessen größer geworden, und die Wahrscheinlichkeit innerparteilicher Auseinandersetzungen ist gewachsen. Die Öffentlichkeit reagiert auf diese eigentlich selbstverständlichen innerparteilichen Konflikte aber immer noch ablehnend. Sie stärkt damit die Macht der Parteiführungen, die mit Hinweis auf die Reaktionen in Öffentlichkeit und Wählerschaft versuchen können, innerparteiliche Kritik zu unterbinden. Dies wirkt sich auch auf die Willensbildung auf den Parteitagen aus, die leicht zu wahlorientierten Heerschauen deformiert werden. Die Überbetonung der Parteien als Kampfverbände nach außen führt zu einer Übergewichtung der „inneren Geschlossenheit", die die innerparteiliche Demokratie nicht fördert. Andererseits ist die Grenze für sinnvolle innerparteiliche Auseinandersetzungen dort erreicht, wo sich unter dem gemeinsamen Namen einer Partei unvereinbare programmatische Positionen ver-

bergen, die die Glaubwürdigkeit gegenüber dem Wähler in Frage stellen. Der Wähler hat Anspruch auf Transparenz, er muß wissen, welche Positionen für eine Partei verbindlich sind und für welche Tendenz er sich mit seiner Stimmabgabe entscheidet.

4.5 Parteien und Kandidatenaufstellung

80. Eine der wichtigsten innerparteilichen Entscheidungen ist die Aufstellung der Parlamentskandidaten, die dem Wähler als personelle Visitenkarte der Partei präsentiert werden und sich um ein Mandat bewerben. Das gilt für das deutsche Bundeswahlsystem, daß die Parteien mit der Kandidatenkür eine sehr weitgehende Vorentscheidung treffen, die die konkreten Bestimmungsmöglichkeiten des Wählers über die personelle Zusammensetzung des Bundestages stark einschränkt. Dies zeigen die bisherigen Erfahrungen mit Bundestagswahlen, wobei nicht nur das Wahlsystem, sondern auch das relativ stabile und parteiorientierte Wählerverhalten eine Rolle gespielt haben.

Unabhängige Kandidaten ohne Unterstützung einer Partei haben nach der Bundestagswahl 1949, als unter besonderen Umständen drei unabhängige Abgeordnete gewählt wurden, nie mehr den Sprung in den Bundestag geschafft. Seit der Bundestagswahl 1961 sind in den Wahlkreisen nur noch Bewerber von CDU/CSU und SPD gewählt worden. Dabei gelten zwei Drittel der Wahlkreise als „sicher", d.h., hier ist der Stimmenvorsprung einer Partei so groß, daß nur außergewöhnliche Wählerveränderungen das Mandat gefährden können. Allein die Zahl der Wahlkreise in Parteihochburgen, in denen ein Bewerber mehr als 55% der Stimmen erreicht, betrug 1983 104 (1980 80).

In Verbindung mit den Absicherungsmöglichkeiten über die Landeslisten hat dies zur Folge, daß etwa 80% der Bundestagsabgeordneten wiedergewählt werden, also nur etwa 100 Abgeordnete Parlamentsneulinge sind. Die personellen Veränderungen gehen zudem überwiegend auf altersbedingtes Ausscheiden, freiwillige Verzichte oder innerparteiliche Verschiebungen zurück. In dem Moment, in dem die Parteien ihre Kandidaten gekürt haben, ist die personelle Zusammensetzung des Bundestages weitgehend vorprogrammiert. Die Wähler entscheiden, wenn es nicht zu erdrutschartigen Veränderungen des Wählerverhaltens kommt, nur noch in geringem Umfang über die in den Bundestag gelangenden Personen.

81. Um so wichtiger ist der Entscheidungsprozeß in den Parteien.

Das Parteiengesetz gibt lediglich vor, daß die Kandidaten in geheimer Abstimmung bestimmt werden müssen. Genauere Verfahrensregeln legt das *Bundeswahlgesetz* fest mit dem Ziel, bei der Kandidatenaufstellung demokratische Spielregeln zu gewährleisten. Darüber hinausgehende Detailbestimmungen finden sich in den *Satzungen* der Parteien. Im Hinblick sowohl auf die formalen Regelungen als auch die innerparteilichen Einflußfaktoren sind zwei Bewerbungsformen zu unterscheiden,

– Direktkandidatur im Wahlkreis,

– Listenkandidatur.

4.5.1 Direktkandidatur

82. Direktbewerber einer Partei in einem Wahlkreis werden von der Versammlung der darin wohnenden Parteimitglieder bestimmt. Grundsätzlich kann also jedes *wahlberechtigte* Parteimitglied darüber mitentscheiden. Aufgrund gesetzlicher Bestimmungen dürfen sich damit z.B. Parteimitglieder, die unter 18 Jahren oder Ausländer sind, nicht an der Abstimmung über die Kandidaten beteiligen. Parteien mit hohen Mitgliederzahlen bilden in der Regel *Vertreterversammlungen* (Wahlkreisdelegiertenkonferenzen), um die Kandidaten zu bestimmen. Das Bundeswahlgesetz läßt darüber hinaus zu, daß in dem Fall, in dem eine Großstadt über mehrere Wahlkreise verfügt, die Direktbewerber einer Partei in einer gemeinsamen Delegiertenkonferenz gewählt werden.

Die Delegierten werden auf Mitgliederversammlungen der Ortsverbände gewählt, die im Gebiet des Wahlkreises bestehen. Meist handelt es sich um örtliche Funktionsträger. Die Delegierten repräsentieren die Parteibasis, sind in ihrer Entscheidung aber formal frei, zumal eine geheime Abstimmung nicht kontrolliert werden kann. Freilich gilt, daß bei scharfer innerparteilicher Konkurrenz die Wahl der Delegierten häufig davon abhängt, welche Kandidaten sie unterstützen.

83. Sind bereits bei der Urwahl der Kandidaten in Mitgliederversammlungen selten mehr als 20% der Mitglieder anwesend, ist bei Wahlkreisdelegiertenkonferenzen der Anteil der unmittelbar an der Kandidatenkür beteiligten Mitglieder noch sehr viel geringer. Fragt man, wer nicht nur formal, sondern auch real Einfluß auf die Kandidatennominierung nimmt, so führt die Antwort zu dem kleinen Kreis der „Vorentscheider". Dabei kommt den Mitgliedern des Kreis- bzw. Unterbezirksvorstandes erfahrungsgemäß besondere Bedeutung zu, während der Einfluß der übergeordneten Parteigremien, insbesondere Landes- und Bundesvorstand, bei Direktmandaten relativ gering ist. Auch die Möglichkeit des aufschiebenden Vetos – Erzwingung einer

nochmaligen Entscheidung – gegenüber dem Votum der Mitglieder-versammlungen bzw. der Wahlkreisdelegiertenkonferenzen wird vom Landesvorstand faktisch nicht genutzt. Empfehlungen von Bundes- oder Landesgremien für einen bestimmten Bewerber sind häufig ein zweischneidiges Schwert und Versuche von oben, „prominente" Poli-tiker in sicheren Wahlkreisen unterzubringen, oft am Widerstand der lokalen bzw. regionalen Vorentscheider gescheitert.

84. Bei den Qualitäten der Wahlkreisbewerber scheinen dement-sprechend lokalorientierte Faktoren eine besondere Rolle zu spielen. Langjährige Parteimitgliedschaft und Bewährung in Parteifunktionen, Ortsverbundenheit und die glaubhafte Bereitschaft zu intensiver Wahl-kreispflege sind Merkmale, die Bewerber begünstigen. Amtierenden Abgeordneten wird eine erneute Kandidatur kaum streitig gemacht, sofern sie die mit ihrem Mandat verbundenen Wettbewerbsvorteile – Bekanntheitsgrad, Prestige, Einflußmöglichkeiten – nutzen und in der Parteiorganisation ihres Wahlkreises aktiv bleiben. Kampfkandida-turen gegen „Platzhirsche" sind rar und führen noch seltener zum Erfolg. Beispiele für Ausnahmen vor der Bundestagswahl 1987 sind Bundestagsvizepräsidentin Annemarie Renger (SPD) und der Ver-triebenenpolitiker und Bundestagsabgeordnete Herbert Hupka (CDU), denen eine erneute Direktkandidatur in ihren bisherigen Wahlkreisen Neuss bzw. Wuppertal verweigert wurde.

Eine Ausnahme bildet auch die Partei „Die Grünen", die mit dem *Rotations*modell experimentiert, um das „Abheben" der Abgeord-neten von der Basis und die Entwicklung zu Berufspolitikern zu ver-hindern. Allerdings haben die meisten Landesverbände der Grünen die Forderung nach Ablösung der Abgeordneten während der Wahlperiode bereits aufgegeben. Auch die Regel, zumindest keine unmittelbar anschließende Wiederwahl zuzulassen, scheint bei prominenten Kan-didaten großzügig ausgelegt zu werden, wie die Nominierung von Antje Vollmer und Otto Schily auf Platz 1 und 2 der nordrhein-westfälischen und Petra Kelly auf der bayerischen Landesliste zeigt. Verständlicher-weise sind die begehrtesten Wahlkreiskandidaturen die in sicheren Wahlkreisen. Gerade bei den kleineren Parteien, z.B. der FDP, ist aber die Wahlkreiskandidatur, auch wenn sie im Wahlkreis chancenlos ist, eine wichtige Voraussetzung für einen aussichtsreichen Platz auf der Landesliste.

4.5.2 Listenkandidatur

85. Über die Landeslisten der Parteien wird von *Landesdelegierten-konferenzen* entschieden, wobei die Delegierten meist über mehrere Stufen von den Parteigliederungen entsandt werden.
Bei den kleineren Parteien entscheidet allein die Rangstelle auf der Landesreserveliste über das Abgeordnetenmandat, vorausgesetzt sie überwinden die 5-Prozent-Hürde. Aber auch für die Kandidaten der großen Parteien hängt das Abgeordnetenmandat bei unsicheren oder gar hoffnungslosen Wahlkreisen von der günstigen Plazierung auf der Landesreservenliste ab. *Doppelkandidaturen* sowohl in einem Wahlkreis als auch auf der Landesliste treten sehr häufig auf, und ein erfolgversprechender Platz auf der Reserveliste setzt in der Regel eine Kandidatur in einem Wahlkreis voraus. Diese Tendenz hat das Gewicht lokaler Auswahlkriterien im Gesamtprozeß der Kandidatenauswahl verstärkt.

86. Der Einfluß der überregionalen Parteigremien, insbesondere des Landesvorstandes, ist aber bei den Listenmandaten ungleich größer als bei den Direktmandaten. Der Vorschlag der Landesreserveliste wird in der Regel auf der Ebene des Landesvorstandes ausgearbeitet, aber er wird in enger Abstimmung insbesondere mit den regionalen Gliederungen sorgfältig ausbalanciert. Dabei wird versucht, verschiedene Kriterien zu berücksichtigen:

- der *Regionalproporz* orientiert sich an der Wähler- und Mitgliederstärke der einzelnen Parteigliederungen, wobei bei den großen Parteien versucht wird, Vertreter der bei den Direktmandaten chancenlosen Parteidiaspora besonders abzusichern.

- Mit dem *Gruppenproporz* wird versucht, die innerparteilichen Gruppierungen, z.B. Jugend-, Frauenorganisation, und nahestehende Verbände zu berücksichtigen, um damit auch die besonderen Zielgruppen der Partei anzusprechen.

- *Fraktionsplanung* soll sichern, daß für die Parlamentsarbeit besonders wichtige Experten der Parteien in den Bundestag zurückkehren, wobei diese Erwägung im Entscheidungsprozeß das geringste Gewicht zu haben scheint.

Ausgenommen von den üblichen Verteilungsregeln werden häufig die ersten Listenplätze für die Spitzenkandidaten, die als „Visitenkarte" der Partei auch auf den Stimmzetteln eine besondere Werbeaufgabe haben.
Die Bedeutung der Listenentscheidung und die dabei auftretenden Interessenkonflikte werden auch an den bereits erwähnten Beispielen der in ihren Wahlkreisen von ihren Parteien nicht wieder nominierten

Abgeordneten Renger und Hupka (s. Ziff. 84) deutlich. Die amtierende Bundestagsvizepräsidentin ist auf der nordrhein-westfälischen Landesliste der SPD mit Platz 5 hervorragend plaziert und damit abgesichert worden. Herbert Hupka ist dagegen ungeachtet der Fürsprache von Bundeskanzler Kohl auf der rheinischen CDU-Liste nur der unsichere Platz 22 (und damit wegen der paritätischen Berücksichtigung der rheinischen und der westfälischen Kandidaten etwa Platz 44 auf der Landesliste) angeboten worden, den der über 70jährige Vertriebenenpolitiker aber als Zumutung abgelehnt hat. Hinweise Hupkas und aus Kreisen der Vertriebenenverbände, daß eine unzureichende Berücksichtigung des bisherigen Abgeordneten die Wahlchancen der Union bei den Vertriebenen beeinträchtigen werde, sollte offenbar die innerparteiliche Diskussion beeinflussen, um noch einen sicheren Listenplatz in einem anderen Bundesland zu erreichen. Dieser Versuch ist aber auch in Niedersachsen gescheitert.

4.6 Entwicklung des Parteiensystems

87. In der Entstehungsphase der Bundesrepublik Deutschland haben die westlichen Besatzungsmächte über ihre Zulassungspolitik für Parteien (,,Lizensierung") versucht, das sich neu bildende Parteiensystem zu beeinflussen – im Rückblick betrachtet mit geringem Erfolg. Die Parteien in der Bundesrepublik Deutschland nahmen einerseits Parteitraditionen der Weimarer Republik auf, andererseits setzten sie sich davon ab, wie die beiden wichtigsten Beispiele zeigen. Die SPD war die Neugründung einer sehr alten, traditionsreichen Partei, aber auch ihre Situation war im Vergleich zu Weimar schon deshalb eine andere, weil sie sich gegen die KPD im linken Wählerspektrum eindeutig durchsetzte. Die CDU nahm zwar Traditionen der katholisch geprägten Zentrumspartei auf, aber sie war in ihrem Selbstverständnis als überkonfessionelle Sammlungsbewegung ein neuer Faktor.

88. Quantitativ betrachtet schien sich die Weimarer Tradition der Zersplitterung in der Bundesrepublik fortzusetzen, wenn man an die zehn 1949 noch im Bundestag vertretenen Parteien denkt. Aber schon 1949 kamen nur vier Parteien (CDU/CSU als Einheit betrachtet) über die 5-Prozent-Hürde. In der Folgezeit nahm die Stimmenkonzentration auf wenige Parteien noch deutlich zu, wobei insbesondere die Union sich Stimmenmagnet erwies und die Anhänger verschiedener kleiner Parteien aufsog. Dazu trug bei, daß die CDU/CSU sich als erste erfolgreich als ,,Volkspartei" präsentierte. Volksparteien beanspru-

Abb. 14: Entwicklung des Parteiensystems seit 1945

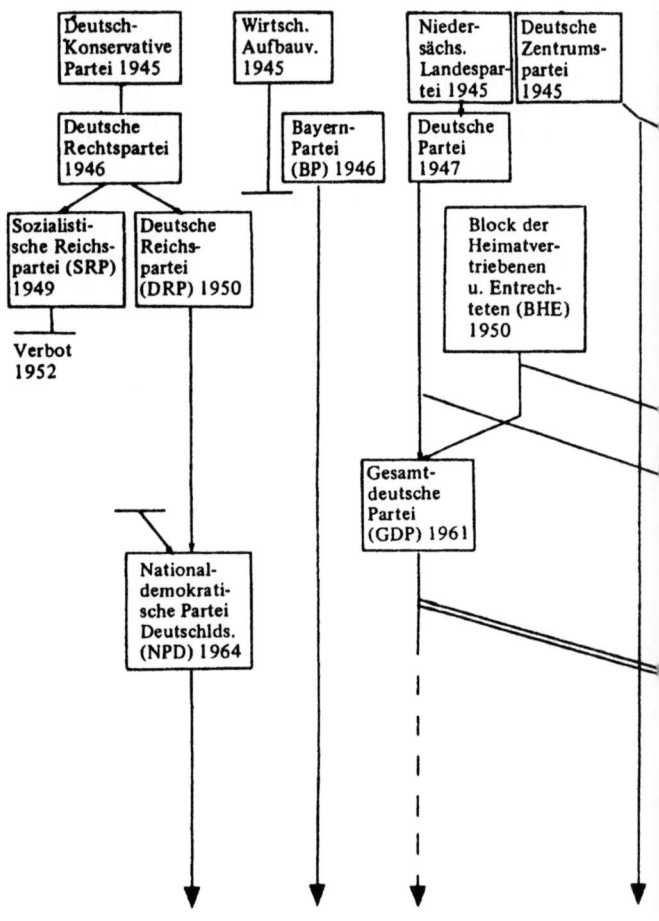

aus: Rudzio, Wolfgang, Das politische System der Bundesrepublik Deutschland. Opladen 1983.

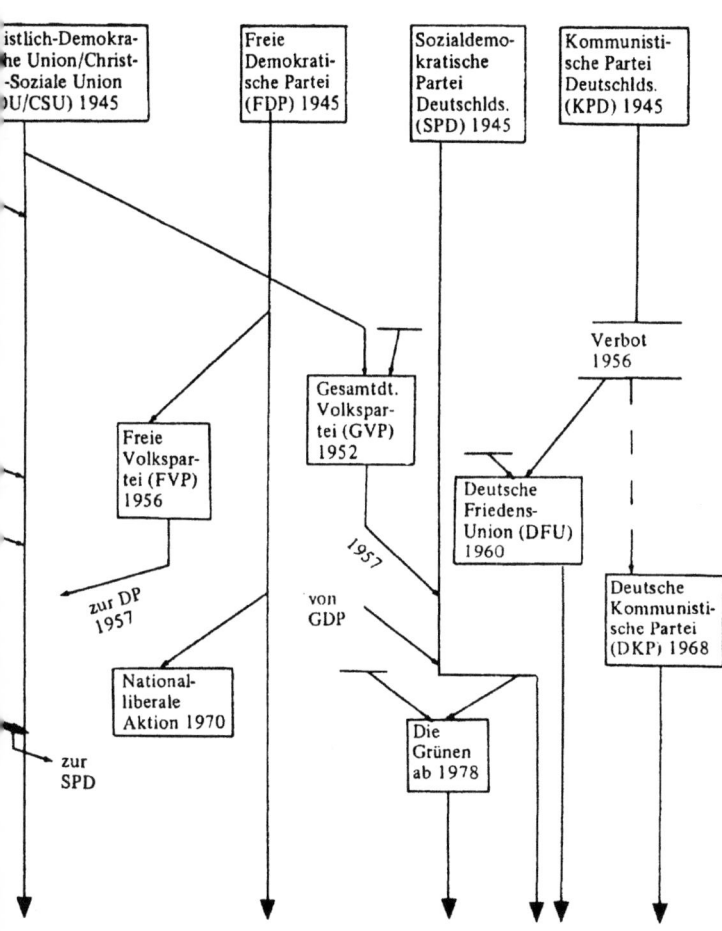

istlich-Demokra-
he Union/Christ-
-Soziale Union
)U/CSU) 1945

Freie
Demokrati-
sche Partei
(FDP) 1945

Sozialdemo-
kratische
Partei
Deutschlds.
(SPD) 1945

Kommunisti-
sche Partei
Deutschlds.
(KPD) 1945

Verbot
1956

Gesamtdt.
Volkspar-
tei (GVP)
1952

Freie
Volkspar-
tei (FVP)
1956

Deutsche
Friedens-
Union (DFU)
1960

1957

zur DP
1957

von
GDP

Deutsche
Kommunisti-
sche Partei
(DKP) 1968

National-
liberale
Aktion 1970

Die
Grünen
ab 1978

zur
SPD

71

chen grundsätzlich, die Interessen *aller* Gruppen in der Bevölkerung zu berücksichtigen und daher für alle wählbar zu sein, auch wenn die Wählerschaft keiner Partei ein repräsentatives Bild der Bevölkerung ist. Es gelang der Union bei der Bundestagswahl 1957 sogar zum ersten und bisher einzigen Male, die absolute Stimmenmehrheit zu erringen.

89. Bezogen auf den Bundestag ergab sich ab 1961 ein Dreiparteiensystem aus Union, SPD und FDP. Angesichts der Weigerung der Wähler, eine Partei mit der absoluten Mehrheit auszustatten, fiel der kleinsten Bundestagspartei, der auch programmatisch zwischen Union und SPD angesiedelten FDP, eine Schlüsselrolle zu. Die FDP war mit Ausnahme der kurzen Phase 1966-1969, als eine Große Koalition bestand, der „geborene" Kooalitionspartner. Die Regierungswechsel in der Bundesrepublik kamen nur durch einen Koalitionswechsel der FDP zustande, die dafür einen hohen Preis zu zahlen hatte. Beide Male führte diese Entscheidung zu einer innerparteilichen Zerreißprobe und angesichts der geringen Stammwählerschaft nahe an und auf Länderebene zeitweilig unter die 5-Prozent-Grenze.

90. Die Schlüsselposition der FDP im Parteiensystem der Bundesrepublik, die häufig kritisiert worden ist, erscheint prinzipiell dreifach gefährdet,
– durch ein Scheitern an der 5-Prozent-Hürde,
– durch eine absolute Mehrheit von Union oder SPD,
– durch eine „vierte" Kraft.
Nachdem die NPD bei der Bundestagswahl 1969 mit 4,3 % der Stimmen relativ knapp gescheitert war, etablierte sich mit den Grünen 1983 erstmals seit 1957 eine vierte Partei im Bundestag. Damit wurde eine neue Situation geschaffen, auch wenn die Regierungsbildung 1983 noch problemlos möglich war. Zur Zeit erscheint das Parteiensystem der Bundesrepublik „asymmetrisch". Die Asymmetrie resultiert daraus, daß bei den Oppositionsparteien SPD und Grüne die politischen Wertvorstellungen soweit auseinanderklaffen, daß auch bei einer rechnerisch möglichen Mehrheit eine Zusammenarbeit kaum denkbar erscheint und von der SPD klar ausgeschlossen wird. Ob die bestehende Konstellation sich mittelfristig als stabil erweist, bleibt abzuwarten.

5. Wählerverhalten und Wahlforschung

91. Die Funktionsfähigkeit eines demokratischen politischen Systems und die politischen Steuerungsmöglichkeiten durch den Wähler hängen nicht zuletzt davon ab, wie sich der Wähler verhält. Mit der Frage: Wer wählt wie und warum? beschäftigt sich die *empirische Wahlforschung*. Sie versucht, das Wählerverhalten (einschließlich Nichtbeteiligung) von Individuen und Gruppen zu beschreiben und zu erklären, insbesondere zu bestimmen, welche Faktoren in welcher Gewichtung für das Wählerverhalten maßgebend sind. Auf der Basis dieser Ergebnisse versucht sie darüber hinaus, Schlüsse für die Zukunft zu ziehen. Trotz wichtiger Teilergebnisse gibt es aber bisher mehr offene Fragen als Antworten zum Wählerverhalten.

5.1 Einflüsse auf das Wählerverhalten

92. Der „ideale" Wähler, der die sachlichen und personellen Ziele der Parteien im einzelnen kritisch vergleicht und sie an der bisherigen Praxis sowie an den eigenen Zielen mißt, ist selten zu finden. Die Mehrheit der Wähler scheint nur begrenzt politisch interessiert und informiert zu sein.

Auch wenn Verschiebungen in der Wählergunst bei Wahlen verständlicherweise im Zentrum der öffentlichen Aufmerksamkeit stehen, ist in erster Linie die hohe Konstanz im Wählerverhalten bemerkenswert und erklärungsbedürftig. Der weitaus größte Teil der Wähler entscheidet sich regelmäßig für dieselbe Partei, insbesondere im Fall der großen Parteien CDU/CSU und SPD.

Abb. 15: Einflüsse auf das Wählerverhalten

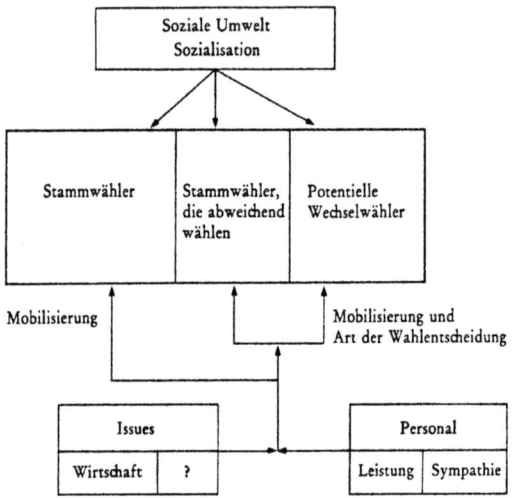

5.1.1 Stammwähler

93. Als Stammwähler werden Wähler bezeichnet, die eine stabile Bindung an „ihre Partei" aufgebaut haben und die daher von anderen Parteien kaum zu erreichen sind. Wie ist eine solche Bindung, die sich in der Regel nur längerfristig ändern kann, zu erklären? Der wichtigste Faktor wird in der sozialen Umwelt des Wählers gesehen. Im Rahmen der *politischen Sozialisation* von Heranwachsenden werden politische Werthaltungen und Orientierungen vermittelt, die sich auch auf die Parteibindung erstrecken. Dabei hat anfänglich das Milieu des Elternhauses die stärkste Prägekraft, später treten Einflüsse der engeren sozialen Umgebung – Nachbarschaft, Schule, Betrieb – hinzu. Ergibt sich dabei ein relativ einheitliches Sozialmilieu, wirkt dies auch politisch vereinheitlichend.

94. In der Sozialstruktur der Bundesrepublik hat sich zum einen die *beruflich-soziale* Schichtung als prägender Faktor für Parteibindungen erwiesen. So wählt z.B. die Mehrheit der Arbeiter traditionell SPD. Die Parteibindung bestimmter sozialer Schichten kann als Reaktion auf historische Erfahrungen gedeutet werden. Z.B. entstand die SPD

aus der Arbeiterbewegung. Da sie aus Sicht der meisten Arbeiter ihre Interessen über einen langen Zeitraum wirksam vertrat, entwickelte sich eine feste Parteibindung. Da Parteibindungen sozialer Schichten aber an Erfahrung rückgekoppelt sind, können sie sich aufgrund neuer Erfahrungen ändern, wenn auch in der Regel nur langsam.

Als stabilisierender Faktor für die Arbeiterbindung an die SPD hat sich eine Mitgliedschaft in den *Gewerkschaften* erwiesen. Gewerkschaftsmitglieder unter den Arbeitern wählen zu einem sehr viel höheren Prozentsatz SPD als Nichtgewerkschaftsmitglieder.

95. Eine andere grundlegende Konfliktlinie, die milieustiftend gewirkt und die stabile Parteibindungen geschaffen hat, ist die *Religion*. Die traditionelle Bindung katholischer Wähler an das Zentrum ist in der Bundesrepublik auf die CDU/CSU übertragen worden. Bei enger *kirchlicher Bindung* steigt nicht nur der Anteil der CDU/CSU-Wähler unter den Katholiken noch einmal stark an, sondern in diesem Fall ist die Union auch unter den evangelischen Wählern klar Mehrheitspartei.

Die beiden genannten Konfliktdimensionen Schichtzugehörigkeit, verstärkt durch Gewerkschaftsbindung, und Religionszugehörigkeit, verstärkt durch Kirchenbindung (gemessen als Häufigkeit des Kirchganges), haben in der Bundesrepublik das Wählerverhalten stark beeinflußt und zur Bildung von Stammwählerschaften beigetragen. In den letzten Jahren wird zunehmend diskutiert, ob diese beiden Konfliktdimensionen durch eine neue *ökologische* Konfliktdimension von vergleichbaren Auswirkungen überlagert wird. Damit verbunden ist auch die Frage, ob die ökologische Konfliktdimension zum Aufbau stabiler Parteibindungen führen wird.

Grundsätzlich gilt, daß die Prägekraft von sozialstrukturellen Faktoren auf das Wählerverhalten abgenommen hat, auch wenn diese nach wie vor wirksam sind. Zu der abnehmenden Wirkung tragen Faktoren wie rückläufige Kirchenbindung und der abnehmende Anteil der besonders parteigebundenen Schichten (Arbeiter, Selbständige) bei. Wenn der Anteil der Stammwähler tendenziell abnimmt, richtet sich der Blick verstärkt auf den Gegenpol, den Wechselwähler.

5.1.2 Wechselwähler

96. Als Wechselwähler wird der Wähler bezeichnet, der z.B. bei zwei aufeinanderfolgenden Bundestagswahlen für verschiedene Parteien votiert hat. Der Anteil der Wechselwähler dürfte zwischen 10 und 20% liegen. Kurz vor der Bundestagswahl 1983 gaben z.B. bei einer

repräsentativen Befragung 12% der Befragten an, eine andere Partei als 1980 wählen zu wollen. Die politische Einschätzung der Wechselwähler ist sehr unterschiedlich ausgefallen. Während die einen in ihnen den „Flugsand" (Faul 1960) der Demokratie sehen, vermuten andere in ihnen den Typus des besonders reflektierten, rational abwägenden Wählers.

Fragt man nach den Voraussetzungen für Wechselwählerverhalten, setzt eine Erklärung bei den sozialstrukturellen Einflußfaktoren an. Bei Wählergruppen mit *gegenläufigen Bindungen* wird angenommen, daß sie in ihrer parteipolitischen Orientierung offener sind. Dies gilt z.B. für gewerkschaftlich gebundene Arbeiter, die gleichzeitig kirchlich engagiert sind. Bei dieser Gruppe dürften sich Einflüsse von SPD und Union kreuzen. Die Bereitschaft, bei Wahlen einmal die Partei zu wechseln, dürfte aus ähnlichen Überlegungen heraus auch wachsen, wenn im unmittelbaren Kontaktkreis unterschiedliche politische Vorstellungen und Parteiorientierungen vertreten sind. Eine wachsende Gruppe mit einem relativ hohen Anteil an Wechselwählern, die dementsprechend auch das Ziel besonderer Parteianstrengungen ist, stellt der neue *Mittelstand* (Beamte, Angestellte) dar.

97. Die Ursachen für Wechselwählerverhalten müssen aber nicht nur in Faktoren der sozialen Umwelt gesucht, sie können auch im wachsenden Gewicht politischer Sach- und Personalfragen gesehen werden. Unter dem personellen Aspekt sind vor allem die *Kanzlerkandidaten* ein Einflußfaktor. Bei den politischen *Themen* gilt, daß ihr Einfluß auf das Wählerverhalten um so größer ist, je mehr der folgenden Voraussetzungen erfüllt sind:

- Das Thema muß die Aufmerksamkeit des Wählers erregen, wobei die Massenmedien eine wichtige Rolle spielen;
- der Wähler muß sich in seiner Interessenlage betroffen sehen;
- er muß das Thema mit den Parteien verknüpfen, indem er ihnen Schuld oder Verdienst zuspricht oder erwartet, daß sie in bestimmter Weise reagieren. Dabei geht es weniger um detaillierte Problemlösungen, als darum, wem der Wähler die Lösungskompetenz zuschreibt.

Das Urteil des Wählers entsteht nicht im politisch luftleeren Raum. Es wird u.a. von Massenmedien, sozialen Kontakten, Gruppenbindungen beeinflußt. Für Stammwähler gilt, daß sie gerade bei komplexen Problemen häufig bereit sind, die Bewertung ihrer Partei zu übernehmen. Je stärker sich der Wähler allerdings unmittelbar von politischen Ereignissen betroffen sieht und je eher er sich ein selbständiges Urteil zutraut, desto unabhängiger reagiert er. Die Erfahrung lehrt, daß in der Regel innenpolitische Themen für das Wählerverhalten bedeutsamer sind als außenpolitische. Unter dem Gesichtspunkt der direkten Betroffenheit wird auch verständlich, daß in der Geschichte der Bundesrepublik *wirtschaftliche* Fragen das Wählerverhalten besonders stark beeinflußt haben. Einmal besitzen wirtschaftliche Ziele innerhalb des Zielkatalogs der meisten Wähler besonderes Gewicht, zum anderen sind die Folgen wirtschaftlicher Fehlentwicklungen, insbesondere Arbeitslosigkeit und Inflation, für die meisten Wähler direkt spürbar.

5.2 Zu Methoden der Wahlforschung

98. Die empirische Wahlforschung hat nicht nur erhebliche praktische Auswirkungen, auf sie stößt der Fernsehzuschauer auch an jedem Wahlabend. ARD und ZDF arbeiten jeweils eng mit einem Wahlforschungsinstitut zusammen – Institut für angewandte Sozialforschung (Infas) bzw. Mannheimer Forschungsgruppe Wahlen. Im folgenden soll auf ausgewählte Methoden der Wahlforschung kurz eingegangen werden, um ihre Möglichkeiten, aber auch ihre Probleme zu verdeutlichen.

5.2.1 Repräsentative Wählerstatistik

99. Die Wahlforschung arbeitet mit Daten von unterschiedlicher Zuverlässigkeit und Aussagekraft. Eine sehr zuverlässige Informationsquelle sind die seit 1953 vom Statistischen Bundesamt bei Bundestagswahlen durchgeführten *Repräsentativerhebungen,* die vor allem eine Aufschlüsselung der abgegebenen Stimmen und der Wahlbeteiligung nach *Alter* und *Geschlecht* erlauben. Dabei werden in ausgewählten Wahlbezirken besondere Wahlzettel ausgegeben, auf denen die Unterscheidungsmerkmale „Alter" und „Geschlecht" vermerkt sind. Aus Datenschutzüberlegungen (insbesondere Sicherung des Wahlgeheimnisses) unterscheidet die repräsentative Wählerstatistik aber nach so wenig Merkmalen, daß die Aussagekraft eng begrenzt bleibt.

5.2.2 Sozialstatistischer Vergleich

100. Einen Ausweg bietet der sozialstatistische Vergleich, der insbesondere bei historischen Wahlstudien Verwendung findet. Dabei wird von den Wahlresultaten ausgewählter Wahlkreise ausgegangen,

und es werden die statistischen Beziehungen zu sozialstrukturellen Daten, z.B. den Anteilen unterschiedlicher sozialer Schichten, untersucht. Will man z.B. Informationen über das Wählerverhalten von Arbeitern gewinnen, kann man die amtlichen Wahlergebnisse von Wahlkreisen miteinander vergleichen, die sehr unterschiedliche Arbeiteranteile, ansonsten aber eine möglichst ähnliche Zusammensetzung aufweisen. Im einzelnen ist mit dem sozialstatistischen Vergleich eine Reihe methodischer Probleme verbunden. Insbesondere kann nicht aus Wahlkreisdaten, d.h. Informationen über Wähler*gruppen,* auf individuelles Wahlverhalten rückgeschlossen werden (Gruppenfehlschluß).

5.2.3 Hochrechnung

101. Auch die Hochrechnung stützt sich auf vorliegende Wahlergebnisse und benutzt das Instrumentarium des sozialstatistischen Vergleichs für eine Prognose. Bei nicht sehr knappen Ergebnissen vermag sie es, die Zeit der Ungewißheit über den Wahlsieger auf wenige Minuten nach Schließung der Wahllokale zu reduzieren. Dabei werden die abgegebenen Stimmen in ausgewählten, möglichst repräsentativen Stimmbezirken schnellstmöglich ausgezählt. Von den Ergebnissen dieser Stimmbezirke wird auf die Gesamtheit geschlossen, d.h., nach Meldung an die Datenzentrale wird vom Computer das wahrscheinliche Ergebnis für den gesamten Wahlbereich „hochgerechnet". Die Zuverlässigkeit der mit der Hochrechnung vorgelegten Prognose hängt davon ab, daß das Wahlverhalten in den ausgewählten Stimmbezirken tatsächlich repräsentativ ist für das Wahlverhalten insgesamt oder die Abweichungen zuverlässig geschätzt und im Modell berücksichtigt worden sind. Weiter gilt, daß die Sicherheit der Prognose mit der Zahl der Stimmbezirke wächst, deren Ergebnisse berücksichtigt werden können. Die mit ARD und ZDF zusammenarbeitenden Institute konkurrieren um die schnellste und zuverlässigste Hochrechnung. Dabei ist es in den vergangenen Jahren mehrfach vorgekommen, daß bei sehr knappen Ergebnissen unterschiedliche Aussagen gemacht worden sind. Im Fall der schleswig-holsteinischen Landtagswahl 1979 z.B. konnten auch die Hochrechnungen wegen des äußerst knappen Ergebnisses nicht verhindern, daß der „Wahlkrimi" sich über mehrere Stunden hinzog.

5.2.4 Meinungs- und Umfrageforschung

102. Die Meinungs- und Umfrageforschung hat den großen Vorteil, daß sie den Zugang zu einer Vielzahl von individuellen Daten im Zusammenhang mit Wählerverhalten ermöglicht, die auf anderem Wege nicht zu erhalten sind. Sie ist aber auch mit bestimmten Fehlerquellen verbunden (s.Ziff. 103).

Einer nach statistischen Kriterien repräsentativ ausgewählten Gruppe von Bürgern wird in gewissen Zeitabständen die Frage gestellt: „Wenn am nächsten Sonntag Bundestagswahlen wären, welcher Partei würden Sie Ihre Stimme geben?" Es folgt meist eine ganze Batterie von Fragen, die sich u.a. auf demographische Daten, Organisationszugehörigkeit, Parteiidentifikation, Sympathie- und Kompetenzeinstufungen von Parteien und Spitzenpolitikern sowie die Einschätzung der Bedeutung politischer Sachprobleme beziehen. Als Beispiel für die Art der dabei anfallenen Ergebnisse kann das regelmäßig ausgestrahlte ZDF-„*Politbarometer*" dienen. Während der Wahlkampfzeit wird u.a. die *Panel-Methode* angewandt, bei der ein „geschlossener Kreis" (panel) repräsentativ ausgewählter Bürger in bestimmten Abständen befragt wird, um Veränderungen zu erfassen.

Die Meinungsforschung ist in der Öffentlichkeit besonders bekannt geworden durch ihre Wahlprognosen. Dabei haben sich die Vorhersagen der großen Institute in der Tendenz als ziemlich zuverlässig erwiesen, wenn auch nicht unerhebliche Differenzen zwischen den Prognosen der verschiedenen Institute aufgetreten und auch Fehlprognosen nicht ausgeblieben sind.

103. Fehlerquellen sind u.a.:

- bei der Auswahl der Befragten und bei der Formulierung der Fragen (unterschiedliches Verständnis von Fragen, Fehler der Interviewer) können bereits Verzerrungen auftreten;
- die Antworten der Befragten müssen nicht immer ihre tatsächliche Meinung wiedergeben. Z.B. ist bekannt, daß Anhänger kleiner Parteien oder als extremistisch eingestufter politischer Gruppierungen ihre politischen Ansichten häufig nicht offen zum Ausdruck bringen. Darüber hinaus zeigen die Ergebnisse von Rückerinnerungsfragen (früheres Wahlverhalten), daß das Erinnerungsvermögen offenbar vom vorherrschenden Meinungsklima beeinflußt wird;
- die Zahl derjenigen, die sich als noch unentschlossen einstufen, ist vor Wahlen nicht unbeträchtlich, und ihre wahrscheinliche Entscheidung muß anhand problematischer Erfahrungswerte prognostiziert werden;
- der Zeitfaktor zwischen Befragung und Wahltermin ist zu berück-

Abb. 16: Umfrageergebnisse während des Wahlkampfes

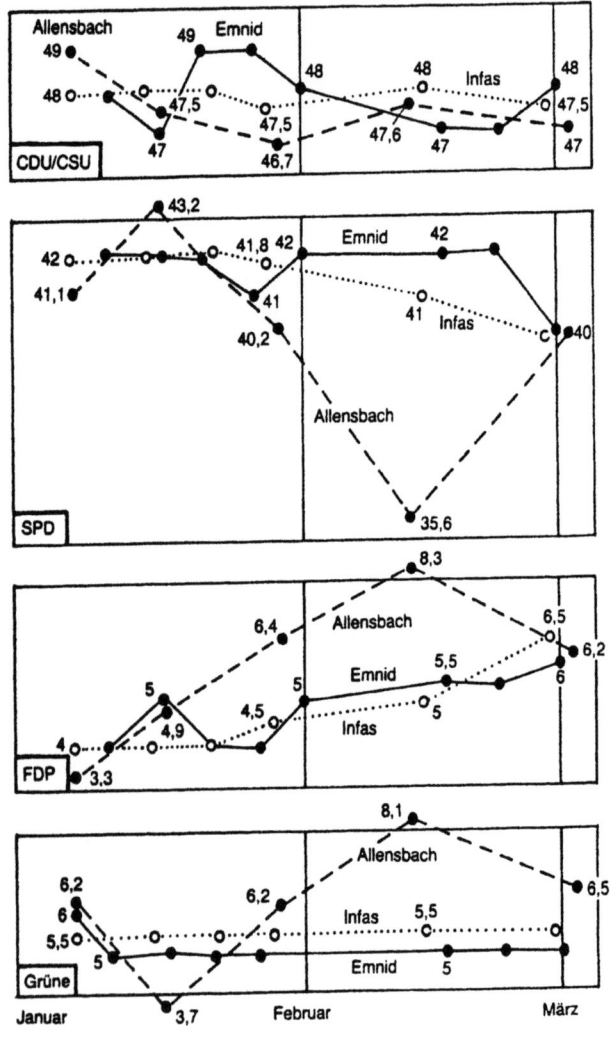

Sonntagsfrage der Institute Allensbach, Emnid und Infas.
Quelle: übernommen aus: Der Spiegel, Nr. 11 vom 14. 3. 1983, S. 45.

sichtigen, insbesondere, wenn noch wichtige, den Wähler beeinflussende politische Ereignisse auftreten;

– jeder Schluß von kleinen Stichproben auf die Gesamtheit enthält eine statistisch genau zu berechnende Fehlerwahrscheinlichkeit, die eine Prognose bei sehr knappen Ergebnissen zum Lotteriespiel macht.

Kritiker der Meinungsforschung argumentieren, daß die ständige Veröffentlichung von Umfrageergebnissen die repräsentative Struktur unseres politischen Systems zu untergraben drohe, da sich Politiker zu stark an den Ergebnissen von Meinungsumfragen orientieren könnten. Auch der Wähler könne durch Umfrageergebnisse in seinem Wahlverhalten beeinflußt werden. So ist beispielsweise anzunehmen, daß bei der herrschenden Unsicherheit, ob FDP und Grüne die 5-Prozent-Hürde nehmen würden, die Ergebnisse der Meinungsumfragen über die Aussichten von FDP und Grünen in den ersten Monaten von 1983 das Verhalten insbesondere der taktisch orientierten Wähler dieser beiden Parteien beeinflußt haben. Da die Auftraggeber von wahlbezogenen Meinungsumfragen häufig Parteien sind, ist auch kaum zu vermeiden, daß versucht wird, die Ergebnisse als taktisches Instrument zu nutzen.

5.2.5 Wählerwanderungsbilanz

104. Die Wählerwanderungsbilanz ist ein Beispiel für die Verknüpfung von amtlichen Wahldaten und Daten der Umfrageforschung. Die Wanderungsbilanz des Infas-Instituts ist besonders bekannt und wird auch bei der Wahlberichterstattung des Fernsehens intensiv genutzt. Gleichwohl ist darauf hinzuweisen, daß gegenüber Wanderungsbilanzen erhebliche methodische Bedenken vorgebracht werden und ihre Brauchbarkeit sogar in Frage gestellt worden ist.

Die Wählerwanderungsbilanz soll – wie schon der Name sagt – Auskunft geben über die Wählerbewegungen zwischen zwei Wahlterminen. Ausgehend von den amtlichen Endergebnissen werden zuerst Zahl und Wahlverhalten der Erstwähler, Verstorbenen, Zu- und Weggezogenen geschätzt. Nach Berücksichtigung dieser Werte können die verbleibenden Zahlen nur noch durch Wählerwanderungen zwischen den Parteien (einschl. „Partei der Nichtwähler") entstanden sein. Mit Hilfe von Umfrageergebnissen (z.B. Rückerinnerungsfrage) werden sodann Wanderungswahrscheinlichkeiten zwischen den Parteien geschätzt. Da diese Schätzwerte nie genau zu dem tatsächlichen Wahlergebnis führen, wird im dritten Schritt eine Ausgleichsrechnung durchgeführt, die die vorhandenen Differenzen beseitigt.

Tab. 12: Matrix der Infas-Wählerwanderungsbilanz zur Bundestagswahl 1983

In den Zellen stehen die ABS-Werte sowie zwei Prozentwerte: Zeilenanteil (bezogen auf Ergebnis 1983) / Spaltenanteil (bezogen auf Ergebnis 1980).

Ergebnis 1980	Ergebnis 1983 ABS	%	CDU/CSU ABS	%	SPD ABS	%	FDP ABS	%	Grüne ABS	%	Nichtwähler ABS	%	Erstwähler ABS	%	Zugezogen ABS	%
Ergebnis 1980			16 898 000	44,5	16 261 000	42,9	4 031 000	10,6	570 000	1,5	5 293 000	12,2	2 300 000		120 000	
CDU/CSU	18 997 000	48,8	15 396 000	82 / 92	1 794 000	9 / 11	520 000	3 / 13	20 000	0 / 4	584 000	3 / 11	616 000	3 / 28	53 000	0 / 44
SPD	14 866 000	38,2	172 000	1 / 1	12 652 000	86 / 78	803 000	5 / 20	25 000	0 / 4	455 000	3 / 9	711 000	5 / 32	40 000	0 / 34
FDP	2 706 000	6,9	184 000	7 / 1	99 000	4 / 1	2 181 000	80 / 56	5 000	0 / 1	108 000	4 / 2	122 000	5 / 5	7 000	0 / 6
Grüne	2 165 000	5,6	44 000	2 / 0	740 000	37 / 5	296 000	14 / 7	501 000	24 / 68	110 000	5 / 2	384 000	18 / 17	5 000	0 / 6
Nichtwähler	5 131 000	11,6	410 000	8 / 2	391 000	8 / 2	83 000	2 / 2	10 000	0 / 2	3 817 000	74 / 72	403 000	8 / 18	14 000	0 / 12
Verstorben	1 483 000		648 000	44 / 4	543 000	37 / 3	81 000	5 / 2	7 000	0 / 1	204 000	14 / 4				
Verzogen	102 000		39 000	39 / 0	39 000	39 / 0	9 000	9 / 0	1 000	1 / 0	12 000	12 / 0				

Quelle: Infas-Report Wahlen Bundestagswahl 1983. Bonn/Bad Godesberg 1983, B 2

Tab 12 ist so zu interpretieren, daß CDU/CSU von ihren 18 997 000 Wählern 15 396 000 (=82%) aus der Bundestagswahl 1980 „übernommen" hat, während sie 1 794 000 (= 9%) von der SPD gewonnen und 172 000 (= 1% der SPD-Wähler) an diese abgegeben hat.

5.3 Ausgewählte Ergebnisse der Wahlforschung

105. Die empirische Wahlforschung hat u.a. untersucht, ob und gegebenenfalls welche Unterschiede sich im Wählerverhalten feststellen lassen, wenn man die Wähler anhand bestimmter Merkmale in Gruppen aufteilt. Solche Merkmale sind z.B. Geschlecht, Alter, Schulbildung, Beruf/soziale Schicht und Religion. Dabei haben sich folgende Ergebnisse herausgestellt:

5.3.1 Geschlecht

106. Frauen beteiligen sich in etwas geringerem Maße an der Wahl als Männer, doch geht dieser Unterschied seit 1972 deutlich zurück. Bei der Parteipräferenz gleicht sich das Wahlverhalten von Männern und Frauen tendenziell an. Bei Ehepaaren zeigt sich in mehr als neun von zehn Fällen gleichgerichtetes Wahlverhalten, d.h., Mann und Frau stimmen für die gleiche Partei. Insgesamt haben die geschlechtsspezifischen Unterschiede im Wahlverhalten weiter an Bedeutung eingebüßt.

5.3.2 Alter

107. Erstwähler zwischen 18 und 20 Jahren beteiligen sich stärker an der Wahl als die dann folgende Altersgruppe 21 bis 24, die mit 81,5% den niedrigsten Wert erreicht. Danach steigt die Wahlbeteiligung kontinuierlich auf über 92% an, um erst in der Altersgruppe ab 70 wieder deutlich abzufallen. Die Union erreicht ihre größten Stimmenanteile in den hohen Altersgruppen, während die FDP ihre Stärke in den mittleren Jahrgängen hat. Die SPD hat ihre besonders starke Position bei den 18 bis 24-Jährigen 1983 verloren, während die Grünen hier ihren eindeutigen Schwerpunkt haben. Sie erreichen in dieser Altersgruppe mit fast 14% mehr als den zehnfachen Anteil im Vergleich zur Altersgruppe ab 60 (vgl. Tab. 13).

Tab. 13: Wähleranteile nach Alter und Geschlecht

Partei	geringster Wähleranteil i.d. Wahl-jahren	bei den	stärkster Wähleranteil i.d. Wahl-jahren	bei den
CDU/CSU	1953-61	30-39jähr. Männern	1953-76	über 60jähr. Frauen
	1965-69	30-44jähr. Männern	1980	über 60jähr. Männern
	1972	18-14jähr. Männern	1983	über 60jähr. Frauen
	1976-83	18-24jähr. Frauen		
SPD	1953-72	über 60jähr. Frauen	1953-61	21-29jähr. Männern
	1976	35-44jähr. Frauen	1965	30-39jähr. Männern
	1980-83	35-44jähr. Männern	1969	30-44jähr. Männern
			1972-83	18-24jähr. Frauen
FDP	1953	21-29jähr. Frauen	1953-61	30-59jähr. Männern
	1957-61	über 60jähr. Frauen	1965	45-59jähr. Männern
	1965	21-29jähr. Männern	1969	21-29jähr. Männern
	1969-76	über 60jähr. Frauen	1972	25-34jähr. Männern
	1980	über 60jähr. Männern	1976-80	25-34jähr. Frauen
	1983	18-24jähr. Frauen	1983	35-44jähr. Männern
GRÜNE	1980-83	über 60jähr. Frauen	1980-83	18-24jähr. Männern
sonstige Parteien*	1953	21-29jähr. Frauen	1953	30-59jähr. Männern
	1957	21-29jähr. Männern	1957-61	über 60jähr. Männern
	1961	21-29jähr. insgesamt	1965-72	45-59jähr. Männern
	1965-69	21-29jähr. Frauen	1976-80	18-24jähr. Männern
	1972	25-34jähr. Frauen		
	1976	35-44jähr. und über 60jähr. Frauen		
	1980	über 60jähr. Frauen		

*1983 keine besonderen Schwerpunkte erkennbar

5.3.3 Schulbildung

108. Die starke Angleichung der Bildungsstruktur der Wähler von CDU/CSU und SPD hat 1983 erstmals wieder einer stärkeren Ausprägung der Unterschiede Platz gemacht. Während Volksschüler wieder deutlich häufiger SPD wählten, votierten Abiturienten und Hochschüler relativ häufiger für die Union. Für Wähler der FDP und der Grünen gilt gleichermaßen, daß sie über ein weitaus höheres formales Bildungsniveau als der Durchschnitt der Wähler verfügen.

5.3.4 Beruf/soziale Schicht

109. Die Schichtzugehörigkeit hat sich neben der Religion in der Bundesrepublik durchgängig als der wichtigste sozialstrukturelle Bestimmungsfaktor des Wählerverhaltens erwiesen. Die SPD ist nach wie vor stärkste Partei in der Arbeiterschaft, auch wenn sich die Unterschiede zur Union im Vergleich zu den 50er Jahren deutlich verringert haben.

Wie Tab. 14/15 zeigen, hat die Union einen eindeutigen Schwerpunkt bei den Selbständigen und darüber hinaus bei den leitenden Angestellten und Beamten. Bei der FDP wird bei einem Zeitvergleich 1976 und 1983 der mit dem Koalitionswechsel verbundene Wähleraustausch besonders deutlich. 1983 ergibt sich ein neuer Schwerpunkt beim „alten Mittelstand" (Selbständige), der mit starken Verlusten beim „neuen Mittelstand" (Angestellte und Beamte) bezahlt wird. Untergliedert man weiter nach Gewerkschaftsmitgliedschaft, so zeigt sich die starke Filterwirkung dieses Faktors. Z.B. begünstigt die Gewerkschaftsmitgliedschaft die SPD so stark, daß sie auch 1983 bei den gewerkschaftlich gebundenen Angestellten und Beamten die stärkste Kraft ist, während umgekehrt die CDU/CSU bei den nicht gewerkschaftlich organisierten Arbeitern eine absolute Mehrheit erhält.

5.3.5 Religion

110. Wie Tab. 16/17 zeigen, erreicht die Union beim katholischen Bevölkerungsteil außerordentlich hohe Stimmenanteile, während umgekehrt die SPD im nicht-katholischen Bereich am stärksten ist. Ein wichtiger Filterfaktor ist wiederum die Stärke der Kirchenbindung. So erreicht die Union z.B. bei den stark kirchlich gebundenen Katholiken Spitzenwerte von etwa 80% und sackt bei den Nicht-Katholiken ohne Kirchenbindung auf ein Viertel bis ein Drittel der Stimmen ab. Die Ergebnisse der SPD verhalten sich dazu nahezu spiegelbildlich.

111. Betont werden soll noch einmal, daß es sich bei den dargestellten Ergebnissen um Gruppenmerkmale handelt, die keinen Rückschluß auf individuelles Wählerverhalten zulassen. Auch wenn vier von fünf kirchlich stark engagierten Katholiken die CDU/CSU wählen, bedeutet dies gleichzeitig, daß einer sich anders verhält als die überwältigende Mehrheit seiner Merkmalsgruppe. Auch ist damit der genaue Ursachen-Wirkungs-Zusammenhang noch nicht geklärt.

Zusammenfassend läßt sich feststellen, daß der Einfluß der sozialstrukturellen Faktoren auf das Wählerverhalten seit den 50er Jahren tendenziell zurückgegangen ist, sich das Sozialprofil der Parteien also

Tab. 14: Wahlentscheidung und Beruf des Haushaltsvorstands (in %)

| | Alle Befragte | | | Arbeiter | | | | | | Angestellte und Beamte | | | | | | Selbständige bis mittlere | | |
| | | | | ungelernt | | | gelernt | | | bis mittlere | | | leitende | | | | | |
Wahlentscheidung	1976	1980	1983	1976	1980	1983	1976	1980	1983	1976	1980	1983	1976	1980	1983	1976	1980	1983
CDU/CSU	48	43	51	36	39	45	44	32	43	45	41	56	58	52	56	63	56	61
FDP	8	12	5	2	6	3	6	11	2	10	15	4	14	10	3	5	13	11
SPD	43	44	38	62	55	50	49	57	52	44	42	34	28	37	24	32	28	26
Grüne	–	1	6	–	0	1	–	0	3	–	2	7	–	1	17	–	0	2
n =	1114	968	931	109	87	84	342	257	293	365	342	306	89	80	61	123	99	80

Nachwahlbefragungen November 1976 (ZA 825), November 1980 (ZA 1053) und März 1983 (ZA 1371a)

Tab. 15: Wahlentscheidung und Gewerkschaftsmitgliedschaft nach Berufsgruppen (in %)

| | Alle Befragte | | | | | | Arbeiter | | | | | | Angestellte und Beamte | | | | | |
| | Mitglieder | | | Nichtmitglieder | | | Mitglieder | | | Nichtmitglieder | | | Mitglieder | | | Nichtmitglieder | | |
Wahlentscheidung	1976	1980	1983	1976	1980	1983	1976	1980	1983	1976	1980	1983	1976	1980	1983	1976	1980	1983
CDU/CSU	35	29	36	55	48	56	35	29	34	48	36	51	35	29	41	55	47	61
FDP	9	10	3	8	13	5	6	8	3	5	11	2	12	14	4	10	13	4
SPD	56	58	56	36	38	31	58	62	64	47	53	42	52	55	48	34	37	26
Grüne	–	3	5	–	1	7	–	1	0	–	0	5	–	2	7	–	3	9
n =	392	271	278	700	675	639	204	153	163	241	181	205	161	100	99	282	312	264

Zeitschr. f. Parlamentsfragen, Heft 4/83

Tab. 16: Wahlentscheidung und Konfession (in %)

Wahlentscheidung	Alle Befragte			Konfession						Kirchenbindung								
				katholisch			nicht-katholisch			stark			mäßig			keine		
	1976	1980	1983	1976	1980	1983	1976	1980	1983	1976	1980	1983	1976	1980	1983	1976	1980	1983
CDU/CSU	48	43	51	63	56	65	34	32	40	79	68	72	51	47	56	32	30	40
FDP	8	12	5	5	7	5	11	16	5	4	9	5	9	14	5	7	12	4
SPD	43	44	38	31	35	25	54	50	49	17	22	21	39	38	36	60	56	47
Grüne	–	1	6	–	2	6	–	2	7	–	1	2	–	1	3	–	2	9
n =	1114	968	931	539	445	409	575	476	523	270	210	205	453	258	244	324	447	434

Tab. 17: Wahlentscheidung und Kirchenbindung (in %)

Wahlentscheidung	Katholiken									Nicht-Katholiken								
	stark			mäßig			keine			stark			mäßig			keine		
	1976	1980	1983	1976	1980	1983	1976	1980	1983	1976	1980	1983	1976	1980	1983	1976	1980	1983
CDU/CSU	82	74	78	58	54	65	36	36	50	60	43	54	45	40	48	30	27	35
FDP	2	7	3	9	10	8	3	5	4	11	18	10	10	19	3	10	15	4
SPD	16	19	16	32	36	26	60	56	33	30	36	36	45	41	45	60	56	54
Grüne	–	0	3	–	0	1	–	3	13	–	4	0	–	0	4	–	3	7
n =	239	171	152	149	128	110	142	141	143	41	40	52	168	129	134	297	305	292

Zeitschr. f. Parlamentsfragen Heft 4/83

angenähert hat. Das heißt aber keineswegs, daß es in dieser Hinsicht zu einer Nivellierung der „Volksparteien" gekommen ist. Bei den kirchentreuen Katholiken und dem alten Mittelstand hat sich sogar eine verstärkte Wahlorientierung auf die Unionsparteien ergeben, wobei zu berücksichtigen ist, daß der Anteil beider Gruppen an der Gesamtbevölkerung stark abgenommen hat.

6. Der Wahlkampf

6.1 Definition und Stellenwert des Wahlkampfs

112. Der Wahlkampf ist die politische Auseinandersetzung von Parteien und Wählervereinigungen um Zustimmung des Bürgers zu Personen und Programmen; letztlich um die politische Herrschaft. Zwar spricht man auch *während* einer Legislaturperiode oft von Wahlkampf, jedoch erstreckt sich der eigentliche Wahlkampf auf die Zeit zwischen der Auflösung des alten und der Wahl des neuen Parlaments. Dieser Wahlkampf kann wiederum unterteilt werden in ,,Vorwahlkampf'' und ,,heiße Phase'', die in der Regel die letzten drei bis vier Wochen vor dem Wahltag ausmacht.

113. Träger des Wahlkampfs sind bei der Bundestagswahl wie auch bei den Landtags- und Europawahlen fast nur noch die Parteien. Sie allein verfügen über die finanziellen Mittel und personellen Kapazitäten, um einen Wahlkampf zu führen. Sie präsentieren im Wahlkampf dem Bürger ihre Ziele und führen ihm ihr personelles und sachliches Angebot vor Augen und Ohren. Sie versuchen, die Zustimmung und Sympathien der Bürger dazu zu gewinnen, um am Wahltag ihre Stimme zu erhalten.

In dieser Zeit verschärft sich die politische Auseinandersetzung zwischen den Parteien, und die Bürger werden intensiver als sonst angesprochen. Der Wahlkampf ist die Zeit der Stimulanz für Politiker und Wähler, findet in ihm doch sichtbar das Ringen um unterschiedliche Ziele und Wege zur Lösung der in der Gesellschaft anstehenden Probleme statt. Jedoch ist der Wahlkampf auch die Zeit, in der an die *Emotionen* der Bürger appelliert wird, indem mit Vereinfachungen bis hin zu Schlagworten und Leerformeln, kurz, mit Entpolitisierung, gearbeitet wird. So kann der Wahlkampf, anstatt das politische Interesse und Engagement des Bürgers zu stärken, genau das Gegenteil bewirken, indem sich der Bürger von der emotionsgeladenen Auseinandersetzung abgestoßen fühlt. So sprachen sich bei einer repräsentativen Umfrage im Bundestagswahlkampf 1980 28% der Befragten für die Abschaffung von Wahlkämpfen aus, 77% bedauerten die zu großen Übertreibungen und Vereinfachungen im Wahlkampf, und 58% der Befragten meinten, daß die Ausgaben für den Wahlkampf unnütz seien.

Die Befragungsergebnisse verdeutlichen, daß ein Teil der Wähler den Wahlkampf nicht als notwendige Voraussetzung von Wahlen akzeptiert. Eine Ursache dafür dürfte in Wahlkampfentgleisungen – gegenseitige Verdächtigungen, Anschuldigungen, Beleidigungen – zu suchen sein. Hinzu kommt, daß in der deutschen Bevölkerung immer noch eine Sehnsucht nach Harmonie vorherrscht, die aus der Zeit des Obrigkeitsstaates herrührt.

6.2 Funktionen des Wahlkampfs

114. Da ein sehr großer Teil der Wähler sich bereits lange Zeit vor dem Wahltag für die Stimmabgabe zugunsten einer Partei oder eines Kandidaten festgelegt hat – hier werden Anteile zwischen zwei Drittel und vier Fünftel der Wähler geschätzt –, sind die Funktionen des Wahlkampfes von besonderem Interesse. Man kann sie analytisch unterscheiden nach: *Information, Identifikation* und *Mobilisierung.* Je nach Adressat werden diese Funktionen eine unterschiedliche Gewichtung erfahren.

115. Generell wird im Wahlkampf verstärkt informiert – in Form von Wahlprogrammen, politischen Äußerungen der Kandidaten, Anzeigen der Parteien, Flugblättern, eigenen Zeitschriften, Illustrierten usw. Theoretisch verfügt der Wähler also gerade während des Wahlkampfes über ein großes Angebot, sich mit den Zielsetzungen und Problemlösungskompetenzen der Parteien auseinanderzusetzen. Jedoch wird diese theoretische Möglichkeit kaum in die Praxis umgesetzt.

Die Parteien und Kandidaten reduzieren die politischen Probleme oft auf ein in der Regel dualistisches Grundmuster, d.h., sie vereinfachen und betonen die Gegensätze. Öffentlichkeitswirksame Schlagwörter, einprägsame Redewendungen und Formeln und z.T. ,,Sprechblasen" kennzeichnen häufig Politikeräusserungen. Wichtiger als die Information selbst erscheint die Besetzung von Themen. Parteien müssen gesellschaftliche Probleme aufnehmen und ihren Kompetenzvorsprung gegenüber dem Gegner nachweisen. Auf diese Weise wird oft Informationsvernebelung anstelle von Informationsdarlegung geboten.

116. Das Ziel der verstärkten *Identifizierung* richtet sich vor allem auf die Mitglieder der Parteien selbst. Gerade in einer Zeit verstärkter Außendarstellung der Parteien besteht für die Mitglieder und Anhänger der Parteien leichter die Möglichkeit, sich zu ihnen zu bekennen und auf diese Weise für sie zu werben. So kann man z.B. im Wahlkampf vermehrt Aufkleber auf Autos, Buttons an Jacken usw. finden, die ein Bekenntnis zu dieser oder jener Partei ausdrücken.

117. Schließlich dient der Wahlkampf der Motivierung und *Mobilisierung* von Mitgliedern sowie parteinahen Wählergruppen oder Personen. Was nützen den Parteien die Anhänger, wenn sie am Wahlsonntag nicht zur Wahl gehen!

6.3 Parteien und Wahlkampf

118. Bundestagswahlkämpfe werden meist von den Parteizentralen in Bonn, Landtagswahlkämpfe meistens von den Parteizentralen in den Landeshauptstädten geplant und organisiert. Sie entwickeln eine Wahlkampfstrategie, die alle politischen Planungen und organisatorischen Maßnahmen umfaßt, die einen erfolgreichen Wahlkampf gewährleisten sollen. Dabei gilt es, insbesondere die programmatisch-konzeptionelle Grundlinie der Partei, die Leistungsfähigkeit der Parteiorganisation, die aktuellen politischen Problemfelder, die Parteienwettbewerbssituation sowie das politische Meinungsklima zu berücksichtigen. (vgl. Sarcinelli, Ulrich (Hrsg.): Wahlen und Wahlkampf in Rheinland-Pfalz, Opladen 1984)

119. Erste Schritte im Hinblick auf den Wahlkampf beginnen bereits am Anfang einer Legislaturperiode, in der oft Reorganisationsmaßnahmen innerhalb der Partei in bezug auf die folgenden Wahlen vorgenommen werden. Doch die eigentliche Planung des Wahlkampfs erfolgt im letzten Drittel der Legislaturperiode. Nun entwerfen die Wahlkampfkommissionen als organisatorische Stabstellen der Parteien eine genaue Netz- und Kalenderplanung. Alle organisatorischen und werblichen Termine, alle Aktionen und Veranstaltungen bis hin zum Wahltermin werden koordiniert. Personalisierungs-, Mobilisierungs-, Zielgruppen- und Thematisierungsstrategien werden miteinander verflochten.

Wahlkämpfe werden somit von den Parteien inszeniert und erhalten eine Dramturgie. In der Wahlkampfkommission werden Problembereiche wie Strategie, Finanzrahmen, Werbung und Organisation des Wahlkampfs festgelegt. Die Wahlkampfführung ist kommerzialisiert.

Werbeagenturen werden zum „Verkauf" einer Partei und ihrer Politiker in den Wahlkampf einbezogen. Sie beraten die Wahlkampfkommissionen, wie sich die Parteien am wählerwirksamsten präsentieren können. *Meinungsforschungsinstitute* werden beauftragt, regelmäßig Wählereinstellungen zu Politikern, Parteien und bestimmten Sachfragen zu ermitteln. Die ermittelten Ergebnisse dienen den Parteien zur Strategieanpassung im Wahlkampf. Weist das Ergebnis z.B. in einem vom Wähler als wichtig erachteten Problem eine schwache Position einer Partei aus, wird diese versuchen, im Wahlkampf verstärkt durch Problemlösungskompetenz und Präsentierung überzeugender Persönlichkeiten dieser Entwicklung entgegenzusteuern.

120. Parteien haben in der Öffentlichkeit ein bestimmtes Profil, das durch ihre politische Führung, ihr Programm, aber auch durch die Darstellung in den Medien erzeugt wird. Alle Parteien bestreiten den Wahlkampf mit einem speziellen *Wahlprogramm,* das neben dem Grundsatzprogramm wesentliche Zielvorstellungen für die nächste Legislaturperiode enthält. Wahlprogramme dienen zur Orientierung der Wähler wie zur Identifikation der Mitgliedschaft. Wahlprogramme dienen darüber hinaus zur innerparteilichen Positionsabklärung und zur Bündelung der unterschiedlichen Interessen einer Partei. Sie sind Existenzbestätigung und Propagandainstrument zugleich. Sie sind von ihrer Funktion her breite Angebotspaletten, die nicht selten dem Katalog eines Warenhauses, bezogen auf die Lösungsmöglichkeiten politischer Probleme, entsprechen. In den Wahlprogrammen vermitteln die Parteien Absichtserklärungen unterschiedlichster Art, um möglichst vielen Wählergruppen ein Angebot machen zu könne, d.h., um letztlich ihre Stimmen am Wahltag zu erhalten.

Bedeutsam können Wahlprogramme allerdings auch für den politischen Gegner werden, der bestimmte Passagen aus dem Wahlprogramm herausgreift und auf die Gefahren, die durch die Realisierung dieser Programmpunkte entstehen können, hinweist. Wird der Spieß umgedreht, kann eine Partei mittels ihres eigenen Programms unter Rechtfertigungsdruck gesetzt werden.

121. Eine besondere Rolle für das Profil einer Partei im Wahlkampf nehmen die Spitzenkandidaten ein. Meistens identifizieren die Wähler mit dem Spitzenkandidaten die gesamte Partei, er ist das „personifizierte Programm". Spitzenkandidaten erfahren eine überaus positive Darstellung, bei der Glaubwürdigkeit, Kompetenz, Berechenbarkeit und eine „Vermenschlichung" eine große Rolle spielen. Mit dieser Personalisierungsstrategie wird an *Emotionen* appelliert und faktisch der *Entpolitisierung* Vorschub geleistet. Seit den Zeiten Konrad Adenauers spielt die Personalisierung im Wahlkampf eine immer größere

Rolle. Die Einrichtung des „Amtes" eines Kanzlerkandidaten, der von der Opposition dem Bundeskanzler als offizieller Herausforderer gegenübergestellt wird, zeugt von der Bedeutung der Personalisierung. In der Regel besitzt der Bundeskanzler einen *Amtsbonus,* der unabhängig von der Leistung seiner jeweiligen Regierung bzw. der Regierungspartei(en) ist. Dadurch wird die Rolle der Opposition erschwert, denn ihr Kanzlerkandidat verfügt über diesen Amtsbonus nicht.

Neben dem Kanzlerkandidaten wird seitens der Opposition oft ein *Schattenkabinett,* die Wahlkampfmannschaft, präsentiert. Der Vorteil einer Mannschaft liegt u.a. darin, daß dem direkten Vergleich mit dem Spitzenkandidaten des politischen Gegners aus dem Wege gegangen und durch die Präsentation befähigter Fachleute dem Wähler personale und sachliche Kompetenz vermittelt wird.

6.4 Massenmedien und Wahlkampf

122. Für die politische Kommunikation bilden Massenmedien ein unverzichtbares Transportmittel. Politiker sind zur Übermittlung ihrer Botschaften auf Massenmedien angewiesen wie umgekehrt Journalisten auf die Zulieferung von Informationen durch Politiker.

Zwischen Politikern und Wählern versehen die Massenmedien die Aufgabe, zu informieren, zu analysieren, zu kritisieren und zu kontrollieren. Ist es bereits außerhalb der Wahlkampfzeit ein wichtiges Ziel von Politikern, Medienpräsenz zu demonstrieren, so kommt gerade im Wahlkampf dieser Aufgabe eine ganz herausragende Bedeutung zu. Der langjährige Wahlkampfmanager der CDU, Peter Radunski, spricht sogar davon, daß ein erfolgreicher Politiker in der modernen Wahlkampfführung sowohl Regisseur als auch Hauptdarsteller sein müsse, d.h., daß er diese Medienpräsenz geradezu dramaturgisch inszenieren muß. Nirgendwo werden diese Funktionen wichtiger als in den Massenmedien, da nur über sie große Wählermengen zu erreichen sind.

Innerhalb der Palette der Massenmedien kommt dem Fernsehen die größte Bedeutung zu. Es erreicht nahezu jeden Haushalt, wird von allen Medien durchschnittlich am meisten genutzt, verfügt über eine hohe Glaubwürdigkeit und leistet der Personalisierung der Politik Vorschub, da Personen in diesem Medium besser als in allen anderen dargestellt werden können. Aus diesen Gründen beziehen die Parteien insbesondere das Medium Fernsehen in ihre Wahlkampfstrategie ein. Regierungsaktivitäten, Staatsbesuche, Kongresse, Kandidatenpräsentationen, Wahlkampfparties u.a.m. werden bewußt medienwirksm geplant, terminiert und aufgezogen. Sie sind für die Parteien im Wahlkampf „funktionale Bühnen" für die Vorstellung von Politikerkompetenz. Die Parteien versprechen sich von diesen Inszenierungen eine öffentlichkeitswirksame Berichterstattung, die positiv für die zu Buche schlagen soll.

123. Wenngleich dem Fernsehen aufgrund seiner flächendeckenden Wirkung die größte Aufmerksamkeit zukommt, sollte die Funktion der anderen Massenmedien im Wahlkampf nicht unterbewertet werden. So ist die *Presse* besonders auf der regionalen und lokalen Ebene wichtig, vermittelt sie doch politische Themen des Wahlkampfs, die einen lokalen und regionalen Bezug aufweisen und vom Fernsehen nicht aufgenommen werden.

Auch die *überregionalen Tageszeitungen* können mit ihren politischen Kommentaren zur Meinungsbildung einer – im Vergleich zu den Fernsehzuschauern – jedoch geringeren Leserschaft beitragen. Allerdings sind sie als Multiplikatoren für die Entwicklung bestimmter Meinungen sehr bedeutsam.

Der *Hörfunk* hat aufgrund des starken Aufkommens des Fernsehens zwar in der Bedeutung seiner politischen Berichterstattung eingebüßt, ohne allerdings bedeutungslos geworden zu sein. Mit der Kombination von Information und Unterhaltung gelingt es dem Hörfunk vor allem in den Magazinsendungen, dem Wähler die Politiker und ihre Vorstellungen näher zu bringen. Durch die regionale Struktur des Hörfunks besteht darüber hinaus die Möglichkeit, das personelle Angebot der Parteien differenzierter darzustellen, d.h., auch weniger prominente Politiker zu Wort kommen zu lassen.

124. Da in der Bundesrepublik vor allem ein „Fernsehwahlkampf" stattfindet, ist es das Ziel der Parteien, das Fernsehen zu durchdringen. So ergab eine Analyse während des Bundestagswahlkampfes 1980, daß etwa die Hälfte der Sendezeit aller Wahlkampf-Fernsehbeiträge von den Politikern selbst bestritten wird. Die nur zwei Stunden in Anspruch nehmende *Fernsehwerbung* der Parteien kann vor diesem Hintergrund nahezu als eine zu vernachlässigende Angelegenheit betrachtet werden. Politiker sichern ihre Präsenz in Nachrichtensendungen, politischen Magazinen, Diskussionsrunden und auch in nicht politischen Sendungen wie z.B. Quizsendungen. Die unmittelbar vor dem Wahltag in beiden deutschen Fernsehkanälen gleichzeitig stattfindende Politikerrunde dokumentiert geradezu die Omnipräsenz von Politikern im Medium Fernsehen während des Wahlkampfes und stellt einen Höhepunkt parteipolitischer Auseinandersetzungen im Fernsehen dar.

Da das Fernsehen eine solche wichtige Rolle in der Wahlkampfauseinandersetzung einnimmt, liegt es nahe, daß Parteien bei der Besetzung wichtiger Ämter Mitsprache fordern. Sowohl bei der Wahl von Intendanten, Aufsichtsratsgremien, Programmkommissionen, als auch bei der Besetzung von Chefredakteur- und Ressortleiterstellen, machen die Parteien ihren Einfluß geltend. Somit kann man bei der Besetzung wichtiger Positionen von einer zweiten Strategie zur Durchdringung des Fernsehens sprechen.

Die Wahlkampfberichterstattung im Fernsehen führt regelmäßig zum Streit zwischen den Parteien, die sich wechselseitig gegenüber anderen Parteien benachteiligt glauben. Doch es ist selbstverständlich, daß die Regierungsparteien im Fernsehen wesentlich öfter zu Worte kommen als die parlamentarische Opposition oder gar außerparlamentarische Parteien. Die Regierung ist der Akteur, der Politik gestaltet, auf die die Opposition reagiert. Empfänge ausländischer Staatsbesucher, Verabschiedung von Gesetzen, Besuche der Regierungsmitglieder in öffentlichen Einrichtungen geben den Regierungsvertretern immer einen Vorsprung in der Medienberichterstattung, dem nur durch besonders medienwirksame Einfälle der Opposition erfolgreich entgegenwirkt werden kann.

6.5 Zum „Konzept der Schweigespirale"

125. Ein Beispiel für die Annahme, daß dem Fernsehen wahlentscheidende Bedeutung zukommt, ist das „Konzept der Schweigespirale", das die Leiterin des Allensbacher Meinungsforschungsinstituts, Elisabeth Noelle-Neumann, entwickelte. Danach erzeugen Medien – und insbesondere das Fernsehen – eine herrschende Meinung. Der Einzelne gerät in eine Isolation, wenn seine Meinung nicht mehr mit der durch die Medien präsentierte Meinung übereinstimmt. Er wird sie immer seltener äußern. Umso mehr wird die andere Meinung Oberwasser erhalten und als die repräsentative erscheinen. So kommt durch die Tendenz zur Präsentation der einen und zum Verschweigen der anderen Meinung ein Spiralprozeß in Gang, der eine Meinung – die in den Medien vermittelte – immer als die herrschende etabliert. Gemäß diesem Konzept erzeugen die Medien einen Meinungsdruck, der die Inhaber abweichender politischer Einstellungen daran hindert, ihre Position öffentlich zu bekennen.

126. Das „Konzept der Schweigespirale" ist allerdings stark umstritten, da eine zu große und vor allem einseitige Medienwirkung

unterstellt wird. Fernsehen allein ist nicht mehrheitsbildend und konkurriert mit anderen Medien. Darüber hinaus existiert kein Kartell der Meinungsmacher, denn die Massenmedien bieten widersprüchliche Informationen. Entsprechend der Theorie der selektiven Wahrnehmung, d.h., daß jeder die Informationen aufnimmt, die seinen politischen Wertvorstellungen entsprechen, werden durch unterschiedlichen Medienkonsum ganz unterschiedliche Wählergruppen zur eigenen Urteilsbildung angeregt.

Inwieweit Fernsehen direkten Einfluß ausübt, ist in der Wirkungsforschung umstritten. Solange ein differenziertes, pluralistisches Medienangebot gewährleistet ist, dürfte auch das „Konzept der Schweigespirale" kaum zutreffen.

6.6 Demoskopie und Wahlkampf

127. Die Ergebnisse von Meinungsumfragen sind während des Wahlkampfes von ganz besonderem Interesse, denn ihre Veröffentlichungen prägen das Meinungsklima mit, beeinflussen die Strategien von Parteien und beeinflussen sicherlich auch manche indivduelle Wahlentscheidung. Allerdings ist es außerordentlich schwer, den Einflußgrad der Umfrageergebnisse auf Wahlkampf und Wahlentscheidung zu messen.

Umfrageergebnisse werden in der Bundesrepublik in den Medien häufig unvollständig und z.T. gezielt veröffentlicht. Generell kann jedoch gesagt werden, daß es für Parteien vor allem darauf ankommt, daß sie in den Medien als möglicher Sieger erscheinen und damit Trend und Meinungsklima auf ihrer Seite haben. So können positive Ergebnisse für Parteien verstärkend wirken und die Wahlentscheidung für sie begünstigen.

128. Auch für Parteien, die sich in einer Grenzsituation befinden, können die Veröffentlichungen von Umfrageergebnissen von großer Bedeutung werden. Bewegt sich eine Partei am Rande der Sperrklausel und weist sie in den letzten Ergebnissen einen ansteigenden Trend nach, so wird der Wähler eher bereit sein, dieser Partei seine Stimme zu geben, da bei ihrem Einzug in das Parlament die Stimme nicht „verschenkt" ist. Insbesondere werden Wähler einer solchen Partei dann die Stimme geben, wenn die Fortsetzung einer von ihnen befürworteten Koalition vom Einzug dieser Partei in das Parlament abhängt.

6.7 Lokaler Wahlkampf

129. Neben dem Wahlkampf in den Medien – vor allem im Fernsehen – hat der lokale Wahlkampf auch bei Bundestagswahlen nach wie vor eine Bedeutung, so daß sich ein Dialog zwischen Bürger und Wahlkämpfer einstellen kann. Im *Straßenwahlkampf* findet der Bürger Informationsstände der Parteien in den Fußgängerzonen der Innenstädte, an Markt- und Bahnhofsplätzen usw. vor, an denen er mit den Parteienvertretern politische Themen diskutieren kann. Durch weithin sichtbare Sonnenschirme mit den Parteikurzbezeichnungen, Plakate und evtl. Lautsprecherdurchsagen machen die Parteien auf sich aufmerksam. Mit Hilfe von Kleinwerbematerial – wie z.B. Parkscheibe, Kugelschreiber, Autoaufkleber, Eiskratzer, Luftballons u.a.m. – wird Sympathiewerbung versucht. Wenngleich zunächst Aufmerksamkeit dadurch erzielt werden soll, ist es das Ziel der Parteien, über das Gespräch den Bürger für ihre Zielvorstellungen zu gewinnen.

Weitere Formen persönlicher Wahlkampfkommunikation sind Kundgebungen, in denen die Parteien sowie ihre Spitzenkandidaten auf lokaler Ebene öffentliche Selbstdarstellung treiben. Allerdings sind die Möglichkeiten des Eingreifens für den Wähler in Kundgebungen begrenzt und in der Regel auf Beifalls- oder Mißfallenskundgebungen, allenfalls Zwischenrufe, beschränkt. Schließlich vervollständigen Podiumsdiskussionen die Form des lokalen Wahlkampfes, wenn die Kandidaten der verschiedenen Parteien unter der Leitung eines Diskussionleiters bestimmte Sachprobleme vor einem Publikum diskutieren.

Eine weitere Form des lokalen Wahlkampfes bilden die Hausbesuche. Kandidaten besuchen ihre Wähler in den Wohnungen, diskutieren mit ihnen und versuchen auf diese Weise, ihre Stimme zu gewinnen.

6.8 Wahlkampfabkommen

130. Um einen sachlichen und fairen Wahlkampf zu gewährleisten und den Kostenaufwand zu begrenzen, treffen die Parteien mitunter vor Bundestagswahlen Wahlkampfabkommen. Sie werden in der Öffentlichkeit auch unter dem Begriff des Fairnessabkommens gesehen.

Zum ersten Mal in der Geschichte der Bundestagswahlen hatten die im Deutschen Bundestag vertretenen Parteien 1965 ein solches Wahlkampfabkommen geschlossen, das 1969 erneuert wurde. Bei den Bundestagswahlen 1972 und 1976, als der Streit um die Deutschland- und Ostpolitik insbesondere Regierungs- und Oppositionsparteien entzweite, konnten die Parteien sich nicht auf ein Wahlkampfabkommen einigen. Erst 1980 gelang es wieder, ein Wahlkampfabkommen zu schließen. Die Auseinandersetzungen im Wahlkampf 1982/83 nach der Auflösung der sozial-liberalen Koalition und der Bildung der christlich-liberalen Koalition waren zu heftig, als daß der Abschluß eines Wahlkampfabkommens möglich gewesen wäre.

Im Wahlkampfabkommen wird einmal der Versuch zu einer Kostenbegrenzung unternommen. Es dient den Parteien zur Vermeidung unnötiger Materialschlachten, da auch in der Öffentlichkeit zunehmend Kritik an den von den Parteien eingesetzten Werbemitteln geübt wird und ihre Bedeutung für die Wahl in Frage gestellt wird. Zum anderen versuchen die Parteien, persönliche Verunglimpfungen, Beleidigungen und organisierte Störungen von Wahlveranstaltungen durch solche Abkommen auszuschließen. Im Falle einer Verunglimpfung oder Beleidigung wird eine Schiedsstelle tätig. In ihr sind in der Regel je ein Vertreter der Parteien sowie eine neutrale Persönlichkeit tätig. Die Schiedsstelle, in der die neutrale Persönlichkeit den Vorsitz führt, dient als Instrument zur Beilegung der auftretenden Konflikte. Da jedoch die Schiedsstelle über kein Sanktionspotential verfügt, bleiben ihre Entscheidungen oft ohne Wirkung.

6.9 Wahlkampf zwischen Bürgerdialog und Konsumentenwerbung

131. Viele Beobachter sehen die politische Werbung nicht anders aufgezogen als die kommerzielle. So wie man in der Wirtschaftswerbung sehr wenig über Vor- *und* Nachteile eines Produkts erfährt, hört und sieht man auch in der politischen Werbung sehr wenig über die Vor- *und* Nachteile von Lösungsansätzen der Parteien. Die Produkte dieser politischen Werbung, die Politiker und Parteien, werden im Wahlkampf so vermarktet, daß anstelle einer Sachinformation der Glanz der Führerpersönlichkeit gezeigt wird. Es wird an das Gefühl appelliert. Politische Werbung stilisiert Spitzenkandidaten entweder zum Übermenschen, denen die Bevölkerung die Lösung schwieriger Probleme anvertrauen kann. Oder sie offeriert die Politiker als „Menschen wie du und ich" – im trauten Familienkreis, mit Kleinkindern auf den Schultern. Ihnen ist schon deshalb zu vertrauen, weil man seine eigenen Wünsche und Ein-

stellungen durch sie realisiert glaubt. Diese Personalisierungsstrategie zielt auf die Gefühle des Wählers, um eine emotionale Zustimmung zu einer politischen Führungspersönlichkeit zu erreichen und die konkrete Politik damit – wenn nicht auszublenden – so doch zumindest sehr stark in den Hintergrund zu drängen.

Ein besonderer Aspekt im Wahlkampf ist die „Entsachlichung". Da findet zwischen den politischen Gegnern ein Schlagabtausch mit Reizwörtern und emotionsgeladenen Begriffen statt. Diese Art des Wahlkampfs führt zur Emotionalisierung und Polarisierung. So wird in Wahlkämpfen die eigene Partei nicht selten als Hüterin der politischen Grundwerte verstanden, während der politische Gegner ins Abseits gestellt und als Gefahr für diese Grundwerte hingestellt wird.

132. Wählerinitiativen sind seit dem Wahlkampf von 1969 zu beobachten. Hierbei handelt es sich in der Regel um einer Partei nahestehende Bürger, die für sie um Unterstützung werben. Den Schritt zur Mitgliedschaft wollen sie – aus welchen Gründen auch immer – nicht vollziehen. Sie sind jedoch bereit, im Wahlkampf sich öffentlich für eine Partei zu engagieren. Diese Unterstützung geschieht einmal durch die Gründung und Bekanntmachung von Initiativen, durch Unterschriftensammlungen, durch Inserate in Zeitungen und Zeitschriften sowie auch durch finanzielle Unterstützung. Oft werden in diesen Wählerinitiativen prominente Persönlichkeiten aus Sport, Kultur und Wissenschaft an die Spitze gestellt, um die Werbewirkung zu erhöhen und aus spezifischen Bevölkerungsgruppen Unterstützung zu erhalten. Damit wird versucht, Verdienste aus anderen Lebensbereichen politisch umzusetzen.

7. Wahlverlauf

133. Das Wahlverfahren wird in seinen organisatorischen Einzelheiten durch das Bundeswahlgesetz (BWahlG) sowie durch die Bundeswahlordnung (BWO) geregelt. Es gliedert sich in Wahlvorbereitung, Wahlhandlung und Feststellung des Wahlergebnisses. Das Wahlprüfungsgesetz (WahlprüfG) regelt die Bestimmung hinsichtlich der Überprüfung der Wahlergebnisse bei Anfechtung.

7.1 Wahlorgane

134. Eine wichtige Aufgabe bei der Organisation und Durchführung der Wahl nehmen die Wahlorgane ein. Wahlorgane sind der Bundeswahlleiter und der Bundeswahlausschuß für das gesamte Wahlgebiet, der Landeswahlleiter und der Landeswahlausschuß für das jeweilige Bundesland, der Kreiswahlleiter und der Kreiswahlausschuß für jeden Wahlkreis sowie mindestens ein Wahlvorsteher und Wahlvorstand für jeden Wahlkreis zur Feststellung des Briefwahlergebnisses.
Die Wahlausschüsse und Wahlvorstände verhandeln und entscheiden in öffentlicher Sitzung und machen den interessierten Bürgern den Wahlablauf bekannt. Wichtige Aufgaben bestehen in der Prüfung und Zulassung der eingereichten Wahlvorschläge sowie in der Feststellung des endgültigen Wahlergebnisses.

7.2 Wählerverzeichnis

135. Unmittelbar nachdem der Bundespräsident den Wahltag bestimmt hat – gemäß § 16 BWahlG muß es ein Sonntag oder ein gesetzlicher Feiertag sein (während es in den Niederlanden und in

Großbritannien immer ein Werktag ist) – beginnen Gemeinde-, Landes- und Bundesbehörden offiziell mit den Vorbereitungen der Bundestagswahl. Auch bei dieser Wahl sind die Gemeindebehörden am stärksten belastet, denn ihnen unterstehen die Meldebehörden und deshalb sind sie für die Führung der Wählerverzeichnisse verantwortlich. Das Wählerverzeichnis wird vom zwanzigsten bis fünfzehnten Tag vor der Wahl zur allgemeinen Einsicht öffentlich ausgelegt. Wer das Wählerverzeichnis für unrichtig oder unvollständig hält, kann in dieser Auslegungszeit bei der Gemeinde Einspruch erheben. Gegen eine Entscheidung der Gemeinde ist eine Beschwerde beim von der Landesregierung eingesetzten Kreiswahlleiter zulässig. Spätestens am Tage vor der Wahl, frühestens aber drei Tage vorher ist das Wählerverzeichnis durch die Gemeindebehörde abzuschließen. Danach stellt die Gemeindebehörde endgültig die Wahlberechtigten im Wahlkreis fest.

7.3 Wahlvorschläge

136. Ein zweiter wichtiger Schritt bei der Wahlvorbereitung ist die Einreichung der Wahlvorschläge. Hierbei ist zu unterscheiden zwischen *Kreiswahlvorschlägen* (Direktkandidatur) und Vorschlägen für *Landeswahllisten* (Landeslisten). Wahlvorschläge können von Parteien wie auch von Wahlberechtigten eingereicht werden. Parteien, die weder im Deutschen Bundestag oder einem Landtag seit deren letzter Wahl aufgrund eigener Wahlvorschläge ununterbrochen mit mindestens fünf Abgeordneten vertreten waren, können einen Wahlvorschlag nur einreichen, wenn sie spätestens am 75. Tag vor der Wahl dem Bundeswahlleiter ihre Wahlbeteiligung angezeigt haben und der Bundeswahlausschuß ihre Parteieigenschaft festgestellt hat. Spätestens am 58. Tage vor der Wahl stellt der Bundeswahlausschuß für alle Wahlorgane verbindlich fest, welche Parteien seit der letzten Bundestagswahl bzw. Landtagswahl aufgrund eigener Wahlvorschläge ununterbrochen mit mindestens fünf Abgeordneten vertreten waren und welche gemeldeten Vereinigungen als Parteien für die kommende Wahl anzuerkennen sind. Für die Bundestagswahl 1983 wurden vom Bundeswahlausschuß folgende Vereinigungen nicht als Partei anerkannt:

1. Bayernpartei (BP)
2. Bundespartei für Arbeit und Soziales
3. Bürgerpartei
4. Der absolute Staat und Weltfrieden (DAS),
5. Drei ist eins (DIE),
6. Friedenspartei
7. Gerechtigkeitsbewegung,
8. Null-Bock-Partei (NuBoPa),
9. Partei für Deutschland und Europa (Eu) (D),
10. Sozialliberale Partei Deutschlands (SLPD),
11. und die Wählerinitiative für Frieden, Lebensschutz und Selbstbestimmung (FRIEDENS-INITIATIVE).

Insgesamt wurden 18 Parteien anerkannt, von denen fünf nicht an der Wahl teilnahmen. Folgende dreizehn Parteien waren danach 1983 mit Landeslisten bei der Bundestagswahl am 6. März vertreten:

SPD	Sozialdemokratische Partei Deutschlands (in allen Bundesländern)	CBV	Christliche Bayerische Volkspartei (Bayerische Patriotenbewegung) (in Bayern)
CDU	Christlich Demokratische Union Deutschlands (in allen Bundesländern außer Bayern)	DKP	Deutsche Kommunistische Partei (in allen Bundesländern)
CSU	Christlich-Soziale Union (in Bayern)	GRÜNE	DIE GRÜNEN (in allen Bundesländern)
FDP	Freie Demokratische Partei (in allen Bundesländern)	EAP	Europäische Arbeiterpartei (EAP) (in allen Bundesländern)
BWK	Bund Westdeutscher Kommunisten (in Niedersachsen, Baden-Württemberg und Bayern)	KPD	Kommunistische Partei Deutschlands (Marxisten-Leninisten) (in den Ländern Schleswig-Holstein, Hamburg, Bremen und Nordrhein-Westfalen)

NPD	Nationaldemokrati-sche Partei Deutsch-lands (in allen Bun-desländern)	USD	Unabhängige Soziale Demokraten (in Nord-rhein-Westfalen)
ÖDP	Ökologisch-Demo-kratische Partei (in Bayern)		

Landeslisten können nur von Parteien und spätestens am 52. Tage vor der Wahl schriftlich eingereicht werden. Die Parteivorstände derjeni-gen Parteien, die bereits im Bundestag oder einem Landtag vertreten sind, reichen die Landeslisten beim Landeswahlleiter ein. Parteien, die dieses Kriterium nicht erfüllen, bedürfen darüber hinaus der Unter-schrift von eins vom Tausend der Wahlberechtigten des Landes bei der letzten Bundestagswahl, jedoch von höchstens 2000 Wahlberechtigten.

Der Landeswahlausschuß entscheidet am 44. Tag vor der Wahl über die Zulassung der Landeslisten.

Kreiswahlvorschläge müssen ebenfalls spätestens 52 Tage vor der Wahl schriftlich dem Kreiswahlleiter eingereicht werden. Kreiswahl-vorschläge von Parteien werden vom Vorstand des Landesverbandes oder, wenn Landesverbände nicht bestehen, von den nächstniedrigeren Gebietsverbänden eingereicht. Kreiswahlvorschläge von Parteien, die nicht die Kriterien der „Altparteien" erfüllen, müssen darüber hinaus noch 200 Unterschriften von Wahlberechtigten des Wahlkreises bei-bringen. Dies gilt ebenfalls für alle unabhängigen Bewerber.

Der Kreiswahlausschuß entscheidet am 44. Tage vor der Wahl über die Zulassung der Kreiswahlvorschläge.

137. Bei der Bundestagswahl 1983 kandidierten insgesamt 2 181 männliche und 518 weibliche Kandidaten. Dies war bei den Männern die niedrigste Zahl seit der Bundestagswahl 1969. Bei den weiblichen Kandidaten gab es zwar einen Rückgang gegenüber 1980, jedoch war die Zahl der weiblichen Bewerberinnen wesentlich höher als in allen vorherigen Bundestagswahlen.

Tab. 18: Kandidaturen und Kandidaten
bei den Bundestagswahlen seit 1949

Jahr der Wahl	Kandidaturen				Kandidaten		
	auf Landes- liste	im Wahl- kreis	ins- gesamt	darunter Doppel- kandi- daturen	ins- gesamt	männ- lich	weib- lich
1949	1.308	1.656	2.964	640	2.324	2.117	207
1953	2.089	1.792	3.881	1.065	2.816	2.544	272
1957	2.073	1.700	3.773	1.059	2.714	2.506	208
1961	1.990	1.521	3.511	952	2.559	2.313	246
1965	2.017	1.433	3.450	965	2.485	2.245	240
1969	2.243	1.406	3.649	1.015	2.634	2.385	249
1972	2.284	1.287	3.571	817	2.754	2.462	292
1976	2.700	1.540	4.240	996	3.244	2.794	450
1980	2.325	1.525	3.850	889	2.961	2.367	594
1983	2.199	1.416	3.615	916	2.699	2.181	518

7.4 Wahlhandlung

7.4.1 Stimmzettel und Wahlgerät

138. In der Regel erhält jeder Wähler im Wahllokal den amtlichen Stimmzettel. Er enthält alle zugelassenen Wahlvorschläge mit Angabe der Namen der Bewerber sowie der Partei. Die Reihenfolge der Landeslisten von Parteien, die im Deutschen Bundestag vertreten waren, richtet sich nach der Zahl der Zweitstimmen, die sie bei der letzten Bundestagswahl im Land erreicht haben. Die übrigen Landeslisten schließen sich in alphabetischer Reihenfolge der Namen der Parteien an. Bei Kreiswahlvorschlägen wird entsprechend verfahren.

Doppelkandidaturen, d.h. sowohl auf der Landesliste als auch als Kreiswahlvorschlag sind zulässig. Die Doppelkandidatur desselben Bewerbers mittels Kreiswahlvorschlag und Landesliste dient den Parteien insbesondere zur Absicherung von Politikern, die in einem „unsicheren" oder „uneinnehmbaren" Wahlkreis kandidieren, deren Mitgliedschaft im Bundestag von ihrer Partei im Rahmen der zukünftigen Fraktionsplanung aber als unbedingt notwendig angesehen wird.

Zur Erleichterung der Abgabe und Zählung von Stimmen können anstelle von Stimmzetteln auch Wahlgeräte mit selbständigen Zählwerken benutzt werden. Wichtig dabei ist vor allem, daß die Geheimhaltung der Stimmabgabe gewährleistet wird. Der Einsatz von Wahlgeräten ist in der Bundesrepublik jedoch bisher eine Ausnahme.

7.4.2 Urnen- und Briefwahl

139. Neben der Urnenwahl am Wahltag mit Hilfe des im Wahllokal erhaltenen Stimmzettels bzw. des Wahlgeräts ist auch die Briefwahl möglich. Seit 1957 können die Wähler, die am Wahltag an einer persönlichen Stimmabgabe verhindert sind, mittels Briefwahl von ihrem Wahlrecht Gebrauch machen.

Der Anteil der Briefwähler zeigt einen steigenden Trend und erreichte bei der Bundestagswahl 1980 einen Höhepunkt.

1983 ging der Anteil der Briefwahlwähler wieder etwas zurück; er dürfte jedoch 1987 eine neue Rekordmarke erreichen, da erstmals auch 500.000 Auslandsdeutsche wahlberechtigt sind und vor allem von der Briefwahl Gebrauch machen dürften. (s. Ziff. 47)

Die Urnenwahl erfolgt in Wahlbezirken, die nicht mehr als 2500 Einwohner umfassen sollen.

Tab. 19: Anteil der Briefwähler bei den Bundestagswahlen

Wahljahr	Wähler insgesamt	darunter Briefwähler	%
1957	31.072.894	1.537.094	4,9
1961	32.849.624	1.891.604	5,8
1965	33.416.207	2.443.935	7,3
1969	33.523.064	2.381.860	7,1
1972	37.761.589	2.722.424	7,2
1976	38.165.753	4.099.212	10,7
1980	38.292.176	4.986.700	13,0
1983	39.279.529	4.117.511	10,5

7.4.3 Splitting der zwei Stimmen

140. Bei den bisherigen Bundestagswahlen hat sich gezeigt, daß die meisten Wähler Direktkandidat und Landesliste derselben Partei wählen. Der Wähler ist also in erster Linie an Parteien orientiert. Dies beweisen auch immer wieder die Wahlergebnisse von Erst- und Zweitstimmen, die nicht besonders auffällig voneinander abweichen.

In bestimmten Situationen geben Wähler aber auch Erst- und Zweitstimme für verschiedene Parteien bzw. Kandidaten von Parteien ab. Dieses „Splitting" (s. Ziff. 37) genannte Wahlverhalten wird vor allem dann angewendet, wenn der Wähler erkennt, daß „sein" Direktkandidat keine Chance besitzt, ins Parlament zu gelangen. Er wird dann eher den Direktkandidaten der Partei unterstützen, mit der seine Partei nach der Wahl eine Koalition einzugehen beabsichtigt.

7.5 Feststellung des Wahlergebnisses

141. Nach Abschluß der Wahlhandlung, einheitlich auf 18 Uhr des Wahltages festgesetzt, erfolgt die öffentliche Feststellung des Wahlergebnisses. Dieser Vorgang ist nun die große Stunde der Wahlvorstände. Laut Bundeswahlgesetz kann jeder Wahlberechtigte zur ehrenamtlichen Wahlhilfe verpflichtet werden, der er sich nur aus wichtigen Gründen versagen kann.

Der Wahlvorstand stellt fest, wieviele gültige Stimmen im Wahlbezirk auf die einzelnen Kreiswahlvorschläge und Landeslisten abgegeben wurden und welche Bewerber als Abgeordnete gewählt sind. Der Kreiswahlleiter fordert den gewählten Wahlkreisabgeordneten auf, innerhalb einer Woche schriftlich die Annahme der Wahl zu erklären.

Der Landeswahlausschuß stellt fest, wieviele Stimmen im Land auf die einzelnen Landeslisten entfallen sind, und schließlich stellt der Bundeswahlausschuß fest, wieviele Sitze auf die einzelnen Landeslisten entfallen und welche Bewerber gewählt sind. Der Landeswahlleiter benachrichtigt offiziell die Gewählten und fordert sie auf, innerhalb einer Woche schriftlich die Annahme der Wahl zu erklären. Schließlich wird das amtliche Wahlergebnis vom Bundeswahlleiter bekanntgemacht.

7.6 Nachwahl/ Wiederholungswahl/ Ersatzwahl

142. Außer durch Tod kann die Mitgliedschaft im Deutschen Bundestag unter bestimmten Umständen vorzeitig enden, z.b.
- bei Ungültigkeit der Wahl
- bei Neufestsetzung des Wahlergebnisses
- bei Mandatsverzicht
- bei Mitgliedschaft in einer durch das Bundesverfassungsgericht verbotenen Partei und
- bei der Übernahme von Funktionen, die mit dem Abgeordnetenmandat nicht vereinbar sind (z.b. Bundesverfassungsrichter oder Mitglied einer Landesregierung)

Eine Nachwahl erfolgt jedoch nur unter ganz bestimmten Voraussetzungen. Sie findet statt – nach denselben Vorschriften wie die Hauptwahl – wenn in einem Wahlkreis die Hauptwahl nicht durchgeführt worden ist oder wenn ein Wahlkreisbewerber nach Zulassung des Kreiswahlvorschlages, aber noch vor dem Wahltag stirbt. Die Nachwahl soll spätestens drei Wochen nach der Hauptwahl stattfinden.

Eine Wiederholungswahl erfolgt nur, wenn im Wahlprüfungsverfahren die Wahl ganz oder teilweise für ungültig erklärt wird. Die Wiederholungswahl muß spätestens sechzig Tage nach Rechtskraft der Entscheidung vorgenommen werden, durch die die Wahl für ungültig erklärt worden ist.

Eine Ersatzwahl im Wahlkreis findet ebenfalls nur unter der besonderen Voraussetzung statt, daß ein Abgeordneter aus dem Bundestag ausscheidet, der als Wahlkreisabgeordneter einer Wählergruppe oder einer Partei gewählt wurde, für die im Land keine Landesliste zugelassen war. In diesem Fall findet die Ersatzwahl im Wahlkreis innerhalb von sechzig Tagen statt. Wird der Deutsche Bundestag allerdings innerhalb der nächsten sechs Monate gewählt, unterbleibt die Ersatzwahl.

Scheidet ein über die Landesliste in den Bundestag gelangter Bewerber aus dem Parlament aus, so wird der freigewordene Sitz mit dem nächsten Listenbewerber besetzt. Ist die Landesliste erschöpft, so bleibt der Sitz unbesetzt.

7.7 Wahlprüfung

143 Artikel 41 GG überträgt dem Deutschen Bundestag die Aufgabe, die Gültigkeit der Bundestagswahl zu überprüfen. Hierbei ist nicht nur das Verhalten der Wahlorgane und Wahlbehörden zu prüfen, sondern ebenso das Verhalten der Wähler, der Wahlbewerber, der Parteien. Alles, was in rechtswidriger Weise verfälschend auf den wirklichen Wählerwillen einwirken kann, ist zu überprüfen.

Das Wahlprüfungsgesetz regelt die näheren Einzelheiten. Es besagt, daß eine Wahlprüfung nur nach Einspruch gegen die Gültigkeit einer Wahl stattfindet. Jeder Wahlberechtigte hat das Recht, einen Einspruch gegen die Gültigkeit der Wahl einzulegen, der allerdings begründet werden muß.

Gegen eine abweisende Entscheidung des Bundestages kann Verfassungsbeschwerde eingelegt werden, wobei nach den Bestimmungen des Bundesverfassungsgerichts diese Beschwerde von mindestens 100 Wahlberechtigten unterzeichnet sein muß.

„Ihrem Inhalt nach lassen sich die bisherigen Wahleinsprüche folgendermaßen unterscheiden:

– Wahlvorenthaltung, Nichteintragung im Wählerverzeichnis, Nichtzugang von Briefwahlunterlagen, Mängel bei der Durchführung der Wahl,
– allgemeine rechtliche und politische Vorbehalte,
– Nichtzulassung von Parteien bzw. Wählergruppen oder Einzelbewerber durch den Bundeswahlausschuß,
– unrichtige Auszählung der Stimmen, Mehrfachwahl,
– Verletzung der Chancengleichheit der Parteien".

(Peter Schindler, 30 Jahre Deutscher Bundestag, Bonn 1979, S. 41)

8. Das politische System seit der Bundestagswahl 1983

8.1 Drei Machtwechsel

144. Das politische System der Bundesrepublik Deutschland wird durch drei große Entwicklungsabschnitte, verstanden als Machtwechsel, gekennzeichnet. Von 1949 bis 1966 dominierte die CDU/CSU das politische Geschehen. Dabei erhielten die Unionsparteien meistens die Unterstützung kleinerer bürgerlicher Parteien, vornehmlich der FDP. Von 1966 bis 1969 gab es das Zwischenspiel der Großen Koalition, bestehend aus CDU/CSU und SPD. In dieser Zeit bereitete die SPD ihre die Bundesrepublik dominierende Phase vor.

Von 1969 bis 1982 wurde das politische System der Bundesrepublik durch die sozial-liberale Koalition geprägt. Unter den Bundeskanzlern Brandt und Schmidt und mit Hilfe der Freien Demokratischen Partei bestimmte die SPD in dieser Zeit nachhaltig das bundespolitische Geschehen.

Am 1. Oktober 1982 wurde mit dem CDU-Vorsitzenden Helmut Kohl auf dem Weg über das erste erfolgreiche konstruktive Mißtrauensvotum im Deutschen Bundestag der vierte CDU-Politiker nach Konrad Adenauer, Ludwig Erhard und Kurt-Georg Kiesinger zum Bundeskanzler gewählt. Mit dieser Wahl beginnt der dritte Abschnitt der Entwicklung des politischen Systems der Bundesrepublik Deutschland, der erneut durch die Zusammenarbeit von Unionsparteien und Freier Demokratischer Partei gekennzeichnet wird.

8.2 Das Zwischenspiel

145. Nachdem SPD und FDP die Bundestagswahl 1980 überzeugend gewonnen hatten, führten wirtschaftliche Probleme zu stetig sich steigernden Konflikten zwischen den Koalitionspartnern. Die sprunghaft wachsende Staatsverschuldung und Finanzierungslücken im Bundeshaushalt sowie die Zunahme der Arbeitslosigkeit verschärften die Konflikte zwischen den Regierungsparteien über den Weg zur Bekämpfung der Krisensymptome. Die Tragfähigkeit einer gemeinsamen Politik von Sozialdemokraten und Liberalen war nicht länger gegeben, so daß es im September 1982 zum endgültigen Bruch der SPD-FDP-Koalition kam. Am 17. September 1982 gab der damalige Bundeskanzler Schmidt die Auflösung der sozial-liberalen Koalition bekannt. Ende September 1982 stellten CDU/CSU und FDP nach Beendigung ihrer Koalitionsgespräche gem. Art. 67 des Grundgesetzes den Antrag auf ein konstruktives Mißtrauensvotum, das am 1. Oktober 1982 mit der Wahl Helmut Kohls zum Bundeskanzler erfolgreich war. Bereits in seiner Regierungserklärung vom 13. Oktober 1982 erklärte der neue Bundeskanzler, daß sich die neue Koalition darauf verständigt habe, sich am 6. März 1983 dem Wähler zu stellen.

8.3 Die Kontroverse um die Legitimität des Regierungswechsels

146. Kann kein Zweifel an der Legitimität eines Regierungswechsels auch ohne ein neues Wählervotum bestehen, so war es doch vor allem die Art und Weise des Regierungswechsels, die zu großen politischen Auseinandersetzungen führte. Es ging dabei vor allem um die Rolle der FDP. Die Liberalen hatten sich im Wahlkampf 1980 eindeutig für eine Koalition mit der SPD und für einen Bundeskanzler Schmidt ausgesprochen.

Kritiker sahen in dem Regierungswechsel ohne Wählervotum daher einen „Betrug am Wähler", während die Verteidiger des Wechsels argumentierten, daß die Auseinanderentwicklung von SPD und FDP angesichts wachsender Krisentendenzen eine im Vergleich zu 1980 neue Lage geschaffen hätte. Der Wechsel wäre sachlich geboten gewesen, und die Wirtschaftskrise hätte einen zeitlichen Druck geschaffen, schnell eine neue, handlungsfähige Regierung zu bilden.

Nach Erhebungen von Meinungsforschungsinstituten wurde der Stil des Regierungswechsels, also die Art und Weise der Ablösung des Kanzlers Schmidt durch seinen Nachfolger Helmut Kohl, Ende 1982/ Anfang 1983 mehrheitlich von der Bevölkerung abgelehnt. Fast 60% der Befragten, darunter auch 30% der CDU/CSU-Anhänger, waren mit dieser Art Regierungswechsel nicht einverstanden (vgl. Zeitschrift für Parlamentsfragen Nr. 4/83 S. 567).

8.4 Verfassungsgericht bestätigt Bundestagsauflösung

147. Nachdem am 17. Dezember 1982 Bundeskanzler Kohl für die von ihm gestellte Vertrauensfrage keine absolute Mehrheit erhalten hatte, war eine Voraussetzung für die Auflösung des 9. Deutschen Bundestages gegeben. Am 6. Januar 1983 löste Bundespräsident Carstens den Bundestag auf und schrieb für den 6. März 1983 Neuwahlen aus. Da die Verfassung im Hinblick auf Weimar die Parlamentsauflösung bewußt erschwert hatte, war dieser Weg zu Neuwahlen politisch umstritten. Der Bundeskanzler verfügte ja eigentlich über eine parlamentarische Mehrheit, hatte diese jedoch aus taktischen Gründen bei der Vertrauensfrage nicht erhalten. Das Bundesverfassungsgericht bezeichnete jedoch in seiner Entscheidung am 16. Februar 1983 die Auflösung des Bundestags als verfassungskonform.

8.5 Der Wahlkampf im Winter 1983

148. Der Wahlkampf wurde mit großen Emotionen geführt. Nach wie vor war der Regierungswechsel vom Oktober mit dem konstruktiven Mißtrauensvotum im Bewußtsein der Wähler und bewirkte weiterhin viele Diskussionen. Allerdings standen wirtschaftspolitische Probleme im Vordergrund, da sie auch Ursache für das Scheitern der sozialliberalen Koalition gewesen waren. Die Arbeitslosenproblematik und die daraus resultierende Beschäftigungspolitik, die Rentenproblematik, die Staatsverschuldung und der NATO-Doppelbeschluß mit der Raketenstationierung bildeten die zentralen Themen des Wahlkampfes.
Die Auseinandersetzungen zwischen CDU/CSU auf der einen und SPD auf der anderen Seite waren während des gesamten Wahlkampfs emotional durch den Regierungswechsel vom Herbst 1982 geprägt. Im Wahlkampf attackierte CDU-Generalsekretär Geißler die SPD heftig, die er als Partei der Arbeitslosigkeit, der Konkurse, der Staatsverschuldung, des Rentenbetruges und der Mietenlüge bezeichnete. Nicht

zuletzt aufgrund dieser Äußerungen des CDU-Generalsekretärs kam es nicht zum Abschluß eines Fairness-Abkommens für den Wahlkampf. (s.Ziff. 130)

8.6 Bestätigung der christlich-liberalen Koalition

149. Die Regierungsparteien gewannen die Bundestagswahl 1983 aufgrund des hohen Mandatsgewinns der Unionsparteien und der Rückkehr der FDP in den Bundestag. Zwar verloren die Liberalen gegenüber 1980 mehr als ein Drittel ihrer Mandate, jedoch bedeuteten die 7% Wählerstimmen den Wiedereinzug in den Deutschen Bundestag. Aufgrund dieses Ergebnisses wurde die Fortführung der christlich-liberalen Koalition möglich. Die Koalition verfügt über 278 Mandate und damit über 7 Sitze mehr als die SPD-FDP-Koalition von 1980.

Die SPD verlor 4,7% Punkte und 19 Mandate und war damit auf das Ergebnis von 1961 zurückgefallen.

Erstmals seit sechs Legislaturperioden war es mit den Grünen einer vierten Partei gelungen, in den Deutschen Bundestag einzuziehen. Mit 5,6% der Stimmen und 27 Sitzen erreichten die Grünen im zweiten Anlauf nach 1980 den Einzug in den Deutschen Bundestag.

8.7 Regierungs- und Oppositionsbildung

150. Da das Wahlergebnis die christlich-liberale Koalition bestätigt hatte, verliefen auch die Koalitionsverhandlungen im großen und ganzen problemlos. Lediglich die Frage, ob Franz-Josef Strauß Mitglied der Regierung werden würde, blieb für einige Zeit ungewiß. Am 22. März 1983 wurden die Koalitionsgespräche zwischen den drei Parteien beendet. Die Verhandlungsergebnisse wurden von den jeweiligen Parteigremien mit überwältigender Mehrheit gebilligt. Unter den Rubriken Haushaltspolitik, Steuerpolitik, Sozialpolitik, zu einzelnen strukturpolitischen Fragen sowie zur Innen- und Rechtspolitik wurden Vorhaben präzisiert. In einer Generalklausel versprachen sich die Koalitionspartner, im Bundestag nicht mit wechselnden Mehrheiten zu operieren. Auffällig war, daß sich CDU/CSU und FDP in den Verhandlungsergebnissen über eine gemeinsame Position in der Außenpolitik nicht einigen konnten. Später verständigten sich die Koalitionsparteien jedoch darauf, in der Außenpolitik den in der Regierungserklärung vom Oktober 1982 festgelegten Kurs weiter zu verfolgen.

Nachdem sich der 10. Deutsche Bundestag am 29. März 1983 konstituiert hatte, wählten die Abgeordneten zunächst das Bundestagspräsidium. Rainer Barzel (CDU) wurde mit 407 von 508 gültigen Stimmen zum Bundestagspräsidenten gewählt. Vizepräsidenten wurden Annemarie Renger (SPD), Richard Stücklen (CSU), Heinz Westphal (SPD) und Richard Wurbs (FDP). Die Kandidatin der Grünen, Christa Reetz, wurde nicht in das Bundestagspräsidium gewählt.

Helmut Kohl wurde am gleichen Tag mit 271 gegen 214 Stimmen bei einer Enthaltung erneut zum Bundeskanzler gewählt. Sein zweites Kabinett wies gegenüber dem ersten nur zwei Veränderungen auf. Anstelle von Rainer Barzel wurde Heinrich Windelen Minister für innerdeutsche Beziehungen. Die FDP mußte ein Ministeramt abgeben, so daß anstelle des bisherigen Landwirtschaftsministers Ertl mit Ignaz Kiechle ein CSU-Vertreter den Chefsessel im Agrarministerium übernahm.

8.8 Opposition

151. Zum ersten Mal seit der Wahl 1953 gab es wieder eine Opposition im Deutschen Bundestag, die aus zwei Parteien bestand. Ihre Schlagkraft wurde dadurch aber nur geschwächt. Denn nun mußte die große Oppositionspartei SPD bei ihrem politischen Handeln nicht nur die Regierung als Adressaten berücksichtigen, sondern sie mußte sich gleichzeitig von der anderen Oppositionspartei, den Grünen, absetzen. Zum Vorsitzenden der SPD-Fraktion wurde Hans-Joachim Vogel gewählt. Er erhielt acht Stellvertreter, wobei die von der SPD-Rechten vorgeschlagenen Kandidaten unterlagen. So wurde von den meisten Medien eine Links-Verschiebung innerhalb der SPD-Fraktion konstatiert.

Die Grünen wählten einen Sprecherrat, der die Fundamental-Opposition dieser neuen Partei geltend machen sollte.

8.9 Volkszählung scheitert

152. Im Jahr 1981, noch unter der sozial-liberalen Koalitionsregierung, hatten die Bundestagsfraktionen von SPD, FDP und CDU/CSU die Abhaltung der Volkszählung beschlossen. Im März 1982 stimmte der Bundesrat dem entsprechenden Gesetz zu, nachdem sich der Bund

zu einer höheren Übernahme von Kosten bereiterklärt hatte. Die neue Bundesregierung unter Bundeskanzler Kohl hielt am vorgesehenen Termin im Jahr 1983 fest, sah sich jedoch in dieser Frage einer zunehmenden inner- und außerparlamentarischen Opposition gegenüber.

Nachdem das Bundesverfassungsgericht am 27. April 1983 einer Verfassungsbeschwerde von drei Anwälten stattgegeben hatte, wurde die Durchführung der auf den 27. April 1983 festgesetzten Volks-, Berufs-, Wohnungs- und Arbeitsstättenzählung bis zur endgültigen Entscheidung des Verfassungsgerichts ausgesetzt.

Im Dezember 1983 verkündete das Gericht sein ablehnendes Urteil über das Volkszählungsgesetz und stellte fest, daß es *in der vorgesehenen Form* verfassungswidrig sei. Vor allem die Vorschrift, die es ermöglichte, bei der Volkszählung erhobene Daten den Meldebehörden zu übermitteln, verletze das Recht auf „informationelle Selbstbestimmung" der Bürger.

Bundesregierung und SPD begrüßten das Urteil des Bundesverfassungsgerichts – wenn auch aus unterschiedlichen Motivationen –, während die Grünen die Volkszählung, die vom Verfassungsgericht grundsätzlich als rechtens anerkannt worden war, nach wie vor ablehnten. Auf der Grundlage des Verfassungsgerichtsurteils legte die Regierung 1985 einen neuen Entwurf zur Volkszählung vor. Gegen das Votum der Grünen bei einer Enthaltung eines SPD-Parlamentariers einigten sich die Regierungsparteien und die SPD auf die Durchführung der Volkszählung am 20. Mai 1987.

8.10 NATO-Doppelbeschluß – die Regierung setzt sich durch

153. Der NATO-Doppelbeschluß (Aufstellung nuklearer Mittelstreckensysteme in der Bundesrepublik Deutschland im Falle des Scheiterns erfolgreicher Rüstungskontrollverhandlungen mit der Sowjetunion) bestimmte im Jahr 1983 sehr stark die öffentliche Diskussion.

Die SPD lehnte den NATO-Doppelbeschluß auf ihrem Kölner Sonderparteitag am 18. November 1983, wenige Tage vor der Abstimmung im Deutschen Bundestag, ab. Nach ihrer Auffassung hatte sich die Ausgangsposition für den Beschluß gegenüber Dezember 1979 verändert. Die SPD forderte von den USA einen Stop der Raketenstationierung und von der UdSSR eine Reduzierung ihrer auf Europa gerichteten SS-20-Raketen.

Die *Friedensbewegung,* die nachhaltig von den Grünen unterstützt wurde, unternahm im Herbst 1983 große Aktionen wie Menschenketten, Blockaden vor Kasernen, Friedensmärsche und Großdemonstrationen, um gegen die Aufstellung der neuen Mittelstreckensysteme zu protestieren.

Im November 1983 beschloß der Deutsche Bundestag mit den Stimmen der Regierungsparteien gegen die Stimmen von SPD und Grünen, am NATO-Doppelbeschluß festzuhalten. Daraufhin riefen die Grünen das Bundesverfassungsgericht an, um die Verfassungskonformität der Stationierung der atomar-bestückten Pershing-2-Raketen und Marschflugkörper überprüfen zu lassen. Das Bundesverfassungsgericht wies am 18. Dezember 1984 den Antrag der Grünen als unbegründet zurück und erklärte, daß die Zustimmung der Bundesregierung zur Stationierung kein Vertragsschließungsakt sei. Dieser Beschluß falle in den ausschließlichen Bereich der Exekutive. Auch die Rechte des Bundestags seien nicht verletzt worden.

Unmittelbar nach dem Beschluß des Deutschen Bundestages wurden die ersten Pershing-2-Raketen in die Bundesrepublik eingeflogen und hier aufgestellt. Die Diskussionen darüber verebbten im Laufe der Legislaturperiode. In der Sicherheitspolitik wurde die Auseinandersetzung über die Strategische Verteidigungsinitiative der Vereinigten Staaten zu einem neuen Konfliktherd zwischen Regierung und Opposition.

8.11 von Weizsäcker wird Bundespräsident

154. Nachdem Bundespräsident Carstens relativ früh erklärt hatte, für eine weitere Amtsperiode als Bundespräsident nicht mehr zur Verfügung zu stehen, mußte ein neuer Bundespräsident gefunden und gewählt werden. Da die CDU/CSU in der Bundesversammlung über die absolute Mehrheit der Wahlmänner verfügte, konnte der Nachfolger von Professor Carstens nur aus ihren Reihen kommen. Nach einer erstaunlich langwierigen innerparteilichen Diskussion nominierte die CDU/CSU den ehemaligen Regierenden Bürgermeister von Berlin, Richard von Weizsäcker, zum Kandidaten für das Amt des Bundespräsidenten. Die SPD stellte keinen Gegenkandidaten auf. Hingegen nominierten die Grünen die Schriftstellerin Luise Rinser für das Amt des Bundespräsidenten. Mit der überwältigenden Mehrheit von 832 Stimmen bei 68 Gegenstimmen für Frau Rinser und 117 Enthaltungen wurde Richard von Weizsäcker im ersten Wahlgang zum sechsten Bundespräsidenten der Bundesrepublik Deutschland gewählt.

8.12 Die Affäre Flick

155. Die Flick-Affäre, der Kiesling-Wörner-Skandal und die geplante Parteispendenamnestie belasteten das politische System der Bundesrepublik Deutschland in der zehnten Legislaturperiode. Nachdem durch Veröffentlichungen in deutschen Medien Vorwürfe gegen das Unternehmen Flick in Bezug auf eine Steuerbefreiung für den Gewinn der von Flick verkauften Daimler-Benz-Aktien erhoben worden waren, konstituierte sich auf Antrag der SPD ein Untersuchungsausschuß des Deutschen Bundestages. Seine Aufgabe bestand in der Untersuchung, inwieweit die Regierung (der sozial-liberalen Koalition) in dieser Angelegenheit rechtmäßig gehandelt hatte.

Am 29. November erhob die Bonner Staatsanwaltschaft Anklage gegen ehemalige Mitarbeiter der Firma Flick, insbesondere den früheren persönlich haftenden Gesellschafter des Flick-Konzerns von Brauchitsch, den ehemaligen Bundeswirtschaftsminister Hans Friderichs und den früheren nordrhein-westfälischen Wirtschaftsminister Riemer wegen fortgesetzter Bestechung bzw. Bestechlichkeit. Gegen den zu jener Zeit amtierenden Bundeswirtschaftsminister Graf Lambsdorff wurde im Dezember 1983 ebenfalls Anklage erhoben, nachdem der Deutsche Bundestag seine Immunität aufgehoben hatte. Ein Antrag der SPD-Fraktion, Graf Lambsdorff aus dem Amt zu entlassen, wurde von den Koalitionsparteien zurückgewiesen. Als jedoch die Verhandlung gegen Graf Lambsdorff im Juni 1984 begann, trat der Wirtschaftsminister zurück.

Sein Nachfolger im Bundeswirtschaftsministerium wurde Martin Bangemann, der gerade den Wiedereinzug in das Europäische Parlament – wie alle FDP-Kandidaten – verpaßt hatte.

Am 27. Dezember 1983 widerrief das Bundeswirtschaftsministerium die dem Flick-Konzern beim Verkauf der Daimler-Benz-Aktien gewährte Steuerbefreiung. Das Bundeswirtschaftsministerium begründete diesen Widerruf damit, daß die Firma Flick falsche Angaben über eine beabsichtigte Kooperation mit einem amerikanischen Unternehmen gemacht und damit die Entscheidung des Bundeswirtschaftsministeriums bewirkt hätte.

Die Vernehmungen zahlreicher Politiker – die betroffenen Minister und Spitzenbeamten, Parteivorsitzenden und Schatzmeister von CDU/CSU, SPD und FDP und ehemalige Angehörige des Flick-Konzerns – im Untersuchungsausschuß ergaben, daß die Firma Flick die Parteien und einzelne Politiker, vor allem die bürgerlichen Parteien, mit zahlreichen Spenden bedacht hatte. Es wurde weiter deutlich, daß entgegen den Bestimmungen des Parteiengesetzes die Spenden in den

Rechenschaftsberichten der Parteien nicht ordnungsgemäß nachgewiesen worden waren. In der Öffentlichkeit kam nicht selten der Eindruck von käuflichen Parteien und Politikern auf.

Im Frühjahr 1986 schloß der Untersuchungsausschuß seine Arbeit ab. Die Regierungsfraktionen und die Opposition gelangten – wie dies bei Untersuchungsausschüssen meistens der Fall ist – zu unterschiedlichen Einschätzungen. Unabhängig von der unterschiedlichen Bewertung führte die Arbeit des Flick-Untersuchungsausschusses zu folgenden Ergebnissen:

a) Zum Rücktritt des Bundestagspräsidenten Barzel, der als wissenschaftlicher Mitarbeiter der Frankfurter Anwaltskanzlei Paul in einem Zeitraum von 10 Jahren ca. 1,7 Millionen DM von der Firma Flick bezogen haben sollte. Barzel beteuerte zwar seine Unschuld, trat jedoch am 25. Oktober 1984 wegen des „unerträglichen psychologischen und politischen Drucks" zurück. Sein Nachfolger wurde Phillip Jenninger;

b) zum Rücktritt des Bundeswirtschaftsministers Graf Lambsdorff; sein Nachfolger wurde Martin Bangemann;

c) zur Diskussion über das Selbstverständnis der Abgeordneten;

d) zur Erkenntnis, daß die Parteien sich nicht an das von ihnen selbst verabschiedete Parteiengesetz gehalten und damit unkorrekt gehandelt hatten und

e) zur Einleitung zweier Ermittlungsverfahren gegen Bundeskanzler Kohl, dem uneidliche Falschaussage vor dem Flick-Untersuchungsausschuß des Deutschen Bundestages und dem Untersuchungsausschuß des Rheinland-Pfälzischen Landtags vorgeworfen wurde. Im Mai 1986 wurden die Ermittlungsverfahren gegen Bundeskanzler Kohl von den Staatsanwaltschaften eingestellt.

8.13 Neuregelung der Parteienfinanzierung

156. Die Parteienfinanzierung wurde zu einem der heftigst diskutierten politischen Themen, als in den letzten Jahren bekannt wurde, daß die etablierten Parteien in ihrer Spendenpraxis die gesetzlichen Bestimmungen z.T. gröblichst mißachtet und sogar umgangen hatten. Zu diesen Praktiken zählten insbesondere

– unvollständiger Ausweis und Verschleierung der Herkunft der Spenden. So wurde z.B. die Verpflichtung, Großspenden (ab 20.000 DM) namentlich auszuweisen, umgangen, indem Spendensammelorganisationen zwischengeschaltet und als Spender benannt wurden. Damit wurde der Zweck der Vorschrift, Großfinanziers der Parteien aus der Anonymität herauszuholen und mögliche Abhängigkeiten damit öffentlich zu machen, vereitelt.

– Hilfe bei Steuerhinterziehung („Spendenwaschanlagen"). Da Spenden an Parteien nicht steuerbegünstigt waren, wurden diese teilweise an „nahestehende" steuerbegünstigte Organisationen vermittelt, von denen sie auf Umwegen an die Parteien weitergeleitet wurden. Andere Praktiken der Steuerhinterziehung umfaßten wertlose „Gutachten" oder nie erschienene Anzeigen, für die Unternehmen an parteinahe Organisationen erhebliche Mittel zahlten und die dann als Betriebskosten steuerlich geltend gemacht wurden.

Eine neue Qualität erreichte die Diskussion mit dem „Flick-Spenden-Skandal", als im Zusammenhang mit Großspenden des Flickkonzerns an führende Politiker und der Entscheidung über eine gesetzlich mögliche Steuerbefreiung in Höhe von mehreren Hundert Millionen DM der Vorwurf der aktiven und passiven Bestechung erhoben wurde. Letztlich führte die Flickaffäre zu einer gesetzlichen Veränderung der Parteispendenregelung.

157. 1983 legte eine vom Bundespräsidenten berufene Sachverständigen-Kommission umfassende Vorschläge zur Neuordnung der Parteienfinanzierung vor, mit dem Ziel, eine für den Bürger durchschaubare, aufgabengerechte und wettbewerbsneutrale Finanzierung der Parteien zu erreichen. Diese Vorschläge wurden nur z.T. in dem am 1. Dezember 1983 mit den Stimmen der CDU/CSU, FDP und SPD gegen die Grünen verabschiedeten neuen Parteifinanzierungsgesetz berücksichtigt. Wichtige Neuerungen bzw. Klarstellungen sind:

– öffentliche jährliche Rechenschaftspflicht der Parteien nicht nur über die Herkunft ihrer Mittel, sondern auch über deren Verwendung und ihr Vermögen (durch eine Änderung des Grundgesetzes abgesichert);

– Erhöhung der Wahlkampfkostenpauschale bei Bundestags- und Europawahlen auf DM 5 je Wahlberechtigten (für Bundestagswahl 1983 rückwirkend DM 4,50);

– Wahlkampfkostenerstattungen dürfen nicht mehr als 50% der Gesamteinnahmen betragen;

– steuerliche Begünstigung von Spenden und besondere Begünstigungen (50%iger Abzug von der Steuerschuld) für kleinere Spenden und Mitgliedsbeiträge (bis 1.200 DM für Ledige, 2.400 DM für Verheiratete);

– Zahlung eines staatlichen „Chancenausgleichs", um die steuerliche Begünstigung bestimmter Parteien (höhere Steuervorteile für einkommensstarke Spender aufgrund der Steuerprogression) zu vermeiden;

118

– Abzugsfähigkeit von Großspenden (über 20.000 DM) nur bei Ausweisung des Spenders im Rechenschaftsbericht;
– Verbot der Annahme bestimmter Spenden, z.B. von politischen Stiftungen, gemeinnützigen Vereinigungen;
– Sanktionen (auch finanzieller Art) bei rechtswidrig erlangten Spenden.

158. Gegen das Parteienfinanzierungsgesetz, insbesondere wegen der Spendenregelung, hatten Die Grünen Klage beim Bundesverfassungsgericht erhoben, da sie den Gleichheitsgrundsatz nicht mehr gewährleistet sahen. Das Bundesverfassungsgericht hat im Urteil vom 14. Juli 1986 im großen und ganzen die Konformität des Gesetzes mit der Verfassung bestätigt. Lediglich sogenannte Großspenden sind nur noch bis zur Höhe von 100.000 DM steuerlich abzugsfähig. Dagegen hat das Verfassungsgericht die Regelung der Kleinspenden, nach der Spenden bis zu 1200 DM bzw. 2400 DM für Verheiratete pro Jahr jährlich mit 50 Prozent von der Steuerschuld abgesetzt werden können, als mit dem Grundgesetz vereinbar angesehen. Auch der umstrittene Chancenausgleich der Parteien wurde vom Verfassungsgericht nicht beanstandet.

8.14 Versuch der Parteispendenamnestie

159. Bereits bei der Beratung des Parteienfinanzierungsgesetzes versuchte die SPD, Rückwirkungen der neuen gesetzlichen Bestimmungen auf laufende Verfahren gegen Steuersünder zu verhindern, konnte sich damit aber nicht durchsetzen. Die Regierungskoalition verständigte sich Anfang Mai 1984 darauf, für alle vor 1984 eingeleiteten Verfahren ein Amnestiegesetz zu erlassen. Es sah vor, daß alle Spender, die vor 1984 politischen Parteien Zuwendungen auf direktem oder indirektem Wege geleistet hatten, nicht mehr angeklagt werden und bereits verhängte Strafen erlassen werden sollten. Allerdings sollten die Steuern nachgezahlt werden.

Sowohl die Opposition als auch große Teile der Öffentlichkeit reagierten empört auf dieses angekündigte Gesetz, sahen sie doch darin eine nachträgliche Legalisierung von Gesetzesübertretungen durch Parteien. Zwar konnte die CDU auf ihrem Stuttgarter Bundesparteitag 1984 die Amnestie-Gegner mit einer deutlichen Mehrheit zurückweisen, beim kleinen Koalitionspartner, der FDP, opponierte die Basis jedoch so heftig gegen dieses geplante Gesetz, daß die Regierung Mitte Mai das vorgesehene Amnestiegesetz wieder zurücknahm.

Als schaler Nachgeschmack der unseligen Parteienfinanzierung blieb in der Öffentlichkeit die Erkenntnis zurück, daß es mit dem Rechtsbewußtsein der Parteien hinsichtlich der Parteienfinanzierung nicht weit her sein konnte. Eine gewisse Parteienentfremdung beim Bürger war unübersehbar.

8.15 Veränderungen im Kabinett – Vorbereitung der Bundestagswahl 1987

160. Eine hergebrachte Übung in parlamentarischen Demokratien sind Umbildungen der Regierung während der Legislaturperiode. Mit ihrer Hilfe sollen Schwächen, die sich im Laufe der Regierungsarbeit herausgestellt haben, behoben und eine Neuorganisation vorgenommen werden, die bereits auf die politische Arbeit nach den nächsten Bundestagswahlen zielt. Bei der Regierungsbildung im März 1983 galt es als ausgemacht, daß der Bundesminister für Jugend, Familie und Gesundheit, Heiner Geißler, im Verlauf der Legislaturperiode aus dem Amt scheiden sollte. Da Geißler gleichzeitig die Funktion des CDU-Generalsekretärs ausübte, sollte er sich nach Aufgabe des Ministeramts allein der Vorbereitung des Bundestagswahlkampfs 1987 widmen. Zu seiner Nachfolgerin wurde die Dortmunder Professorin Rita Süssmuth bestellt, die damit neben Frau Wilms die zweite Ministerin in der Bundesregierung wurde. Mit dieser Kabinettsumbildung kam der Bundeskanzler einem politischen Trend Mitte der 80er Jahre entgegen, der eine verstärkte Berücksichtigung der Frauen in der Politik zum Inhalt hatte.

Eine weitere Kabinettsumbildung nahm der Bundeskanzler nach dem Kernkraftwerkunfall in Tschernobyl – und kurz vor der Landtagswahl in Niedersachsen – Anfang Juni 1986 vor. Um die Umweltpolitik zu konzentrieren, wurde ein neues Bundesministerium für Umwelt, Naturschutz und Reaktorsicherheit eingerichtet. Es erhielt aus dem Bundesministerium die Abteilung Umweltangelegenheiten mit vier Unterabteilungen und die Abteilung Sicherheit kerntechnischer Einrichtungen und Strahlenschutz mit zwei Unterabteilungen; aus dem Landwirtschaftsministerium die Unterabteilung Umwelt und Naturschutz; aus dem Ministerium für Familie, Jugend und Gesundheit die Bereiche gesundheitliche Belange des Umweltschutzes, Strahlenhygiene und Rückstände von Schadstoffen in Lebensmitteln und Chemikalien. Zum ersten Bundesumweltminister wurde der Frankfurter Oberbürgermeister und hessische CDU-Vorsitzende Walter Wallmann bestellt.

Parallel zur Einrichtung des Umweltministeriums wurde eine weitere Kompetenzverlagerung innerhalb des Kabinetts vorgenommen, die dem gestiegenen politischen Stellenwert des Themas Gleichberechtigung zwischen Mann und Frau entsprach. So wurde das Ministerium für Jugend, Familie und Gesundheit in ein Ministerium für Jugend, Familie, Frauen und Gesundheit umgewandelt. Das zuständige Referat für Frauenpolitik wurde aus dem Bundesministerium für Arbeit und Soziales in das erweiterte Ministerium eingebracht.

Mit diesen beiden Kabinettsumbildungen reagierte die Bundesregierung auf politische Entwicklungen, die Mitte der 80er Jahre immer drängender wurden, in der Öffentlichkeit einen zunehmend bedeutenderen Stellenwert erhielten und auch für den Ausgang der Bundestagswahl 1987 von entscheidendem Ausschlag sein können.

8.16 Landtagswahlen – Keine neue Mehrheit im Bundesrat

161. Die politische Entwicklung in der Bundesrepublik Deutschland zeigt die Eigentümlichkeit, daß die Bonner Regierungsparteien in den auf eine Bundestagswahl folgenden Landtagswahlen Verluste hinnehmen müssen. Auch im Zeitraum zwischen 1983 und 1986 setzte sich dieser Trend fort.

Besonders betroffen von Verlusten während des gesamten Zeitraums war die CDU, während die FDP hauptsächlich in der Anfangsphase herbe Rückschläge hinnehmen mußte. Die Verluste der FDP können vor allem mit Art und Stil der Wende vom Oktober 1982 erklärt werden, die von einem großen Teil ehemaliger FDP-Wähler nicht gebilligt wurden. Dagegen konnten die Bonner Oppositionsparteien SPD und Grüne meistens Wählerstimmen gewinnen. Dennoch haben die Landtagswahlen nicht zu einer Veränderung des Kräfteverhältnisses zwischen Bonner Regierungs- und Oppositionsparteien im Bundesrat geführt. Die Stimmenmehrheit der unionsregierten Länder blieb bestehen. In dieser Zeit hat lediglich in einem Bundesland die parteipolitische Führung gewechselt. Das Saarland erhielt nach dem SPD-Wahlsieg eine sozialdemokratische Regierung, wodurch sich die Stimmenzahl der CDU/CSUgeführten Länder im Bundesrat auf 23 gegenüber 18 Stimmen der SPDgeführten Bundesländer verringerte. Auch die Wahl in Niedersachsen am 15. Juni 1986 brachte – entgegen einigen Erwartungen – keine Mehrheit SPDgeführter Länder im Bundesrat.

Die Landtagswahlen in dieser Legislaturperiode bestätigten, die festgefügte Struktur des bundesdeutschen Parteiensystems. Die Unionsparteien und die FDP bilden das bürgerliche Lager, dem SPD und Grüne, jedoch nicht als Einheit, gegenüberstehen. In dieser Struktur des Parteiensystems manifestiert sich als neues Konfliktmotiv die ökologische Kritik am Industriesystem, für die vor allem die Grünen und auch Teile der SPD stehen.

Ein weiteres Charakteristikum des politischen Systems in der Zeit zwischen 1983 und 1986 war die Tendenz zu Einparteienregierungen in den einzelnen Bundesländern. So führten die Wahlergebnisse zwischen 1982 und 1986 zu folgenden Parteienkonstellationen in den Landtagen:

Tab. 20: Fraktionszusammensetzungen der Landtage

Land	Wahltag		Regierung
Bremen	25.09.83	SPD, CDU, Grüne	SPD
Bayern	10.10.82	CSU, SPD	CSU
Hamburg	19.12.82	SPD, CDU, AL	SPD
Rheinland-Pfalz	06.03.83	CDU, SPD	CDU
Schleswig-Holstein	13.03.83	CDU, SPD	CDU
Hessen	25.09.83	CDU, SPD, Grüne, FDP	SPD/Grüne
Baden-Württemberg	25.03.84	CDU, SPD, Grüne, FDP	CDU
Saarland	10.03.85	CDU, SPD, FDP	SPD
Nordrhein-Westfalen	12.05.85	SPD, CDU, FDP	SPD
Niedersachsen	21.03.82	CDU, SPD, Grüne, FDP	CDU
	15.06.86	CDU, SPD, Grüne, FDP	CDU/FDP

Es erwies sich als ein wesentliches Kennzeichen des politischen Systems auf Länderebene, daß trotz der Tendenz zu einem Vierparteiensystem die Wahlerfolge jeweils einer Partei so groß waren, daß Koalitionen überflüssig wurden. Lange Zeit hatte auch in Hessen eine Minderheitsregierung Börner amtiert, die erst 1986 in eine formelle Koalition mit den Grünen umgewandelt wurde. Lediglich im Stadtstaat Berlin existierte eine Koalition nach Bonner Muster.

Unmittelbar nach der Wende in Bonn mußte die FDP die größten Verluste bei Landtagswahlen hinnehmen. Ab 1984 setzte eine Stabilisierung für die Liberalen ein, die seit dieser Zeit bei allen darauf folgenden Landtagswahlen in die Landesparlamente zurückkehren konnten.

Tab. 21: Landtagswahlergebnisse 1983 – 1986
(in %: in Klammern die Ergebnisse der jeweils letzten Landtagswahl)

	CDU	SPD	FDP	Die Grünen
6.03.83 Rheinland-Pfalz	51,5 (50,1)	39,6 (42,3)	3,5 (6,4)	4,5 (–)
12.03.83 Schleswig-Holstein	49,0 (48,3)	43,7 (41,7)	2,2 (5,7)	3,6 (2,4)
25.09.83 Hessen	39,4 (45,6)	46,2 (42,8)	7,6 (3,1)	5,9 (8,0)
25.09.83 Bremen	33,3 (31,9)	51,4 (49,4)	4,6 (10,8)	5,4 (–)
25.03.84 Baden-Württemberg	51,9 (53,4)	32,4 (32,5)	7,2 (8,3)	8,0 (5,3)
10.03.85 Berlin	46,4 (48,0)	32,4 (38,3)	8,5 (5,6)	10,6 (7,2)*
10.03.85 Saarland	37,3 (44,0)	49,2 (45,4)	10,0 (6,9)	2,5 (2,9)
12.05.85 Nordrhein-Westfalen	36,5 (43,2)	52,1 (48,4)	6,0 (4,9)	4,6 (3,0)
15.06.86 Niedersachsen	44,3 (50,7)	42,1 (36,5)	6,0 (5,9)	7,1 (6,5)
12.10.86 Bayern				
09.11.86 Hamburg				

*In Berlin sind die Grünen in der Alternativen Liste (AL) zusammengeschlossen

9. Die Entwicklung des Parteiensystems seit der Bundestagswahl 1983

162. Die Bundestagswahl 1983 bestätigte die von Unionsparteien und Liberalen im Oktober 1982 unternommene politische Wende. Mit insgesamt 55,8% der Zweitstimmen erhielten CDU/CSU und FDP eine breite Unterstützung durch die Mehrzahl der Wähler, blieben Regierungsparteien und konnten ihren eingeschlagenen politischen Kurs fortsetzen. Die SPD mußte dagegen die im Oktober 1982 nach dem verlorenen Mißtrauensvotum gegen Bundeskanzler Schmidt eingenommene Oppositionsrolle beibehalten. Allerdings bekamen die Sozialdemokraten auf den Oppositionsbänken einen Partner und Rivalen. Mit 5,6% der Zweitstimmen übersprangen die Grünen die 5%-Sperrklausel sicher und bilden seit dieser Zeit zusammen mit der SPD die parlamentarische Opposition.

163. Der Ausgang der Bundestagswahl 1983 bestätigte einen Trend des Parteiensystems der Bundesrepublik, der bereits Mitte der 70er Jahre eingesetzt hatte. Seit dieser Zeit nimmt der Konzentrationsprozeß auf die großen Parteien ab. Neue politische Gruppierungen und Parteien entstanden. Zunächst auf Gemeinde- und regionaler Ebene erfolgreich, konnten sie auch auf Landesebene parlamentarische Erfolge erzielen, um dann schließlich 1983 in Form der Partei Die Grünen in den Deutschen Bundestag einzuziehen. Konnten CDU/CSU und SPD bei der Bundestagswahl 1976 noch 91,2% der Zweitstimmen auf sich vereinigen, so waren es 1983 nur noch 87%.

164. Ein weiteres Kennzeichen des Parteiensystems der Bundesrepublik in der zweiten Hälfte der 70er und der ersten 80er Jahren war seine Entwicklung nach rechts. Zahlreiche z.T. spektakuläre Erfolge der Unionsparteien bei den Kommunalwahlen, z.B. in traditionellen „sozialdemokratischen Großstädten" wie Frankfurt oder München spiegeln diese Entwicklung wider. Die Unionsparteien konnten nahezu die Hälfte der Wähler bei den Landtagswahlen zwischen den Bundestagswahlen 1980 und 1983 für sich verbuchen.

Parallel zu den Gewinnen der Unionsparteien verläuft ein Rückgang der SPD, die zu Beginn der 80er Jahre auf Kommunal- und Landesebene erhebliche Wählerverluste hinnehmen mußte. Ihren Tiefpunkt erreichte die SPD bei der Bundestagswahl 1983, als sie nur 38,8% der Zweitstimmen erringen konnte. Damit entwickelte sich eine Asymmetrie im Parteiensystem der Bundesrepublik zugunsten der Unionsparteien, die gegenüber der SPD einen Vorsprung von 10,6% Punkten aufwiesen.

165. Neben der Verschiebung des Parteiensystems nach rechts fand gleichzeitig auch eine Verschiebung nach links statt, die sich u.a. in dem Einzug der Grünen in sehr viele Kommunalvertretungen, mehrere Länderparlamente sowie in den Deutschen Bundestag niederschlug. Das erfolgreiche Auftreten der Grünen hat die Bedingungen des Parteienwettbewerbs in der Bundesrepublik nachhaltig verändert. Es ist Ausdruck für eine neue Konfliktdeterminante im politischen System, nämlich für den Konflikt zwischen Ökonomie und Ökologie. Dieser Konflikt wurde von den Grünen genutzt. Ihre Wahlergebnisse auf der Kommunalebene, in den Ländern sowie bei den zweiten Direktwahlen zum Europäischen Parlament und die gleichzeitigen Wählerverluste der FDP haben dazu geführt, daß die Grünen zeitweise vom Wähleraufkommen gesehen zur drittstärksten Partei avancierten.

166. Seitdem die SPD in der Opposition ist, holt sie in der Wählergunst gegenüber den Unionsparteien auf. Die Ergebnisse bei Landtags- und Kommunalwahlen spiegeln die für die Sozialdemokraten positive Entwicklung wider. Der „Oppositionseffekt", d.h., daß die in Bonn in Opposition zur Bundesregierung stehende Partei zwischen zwei Bundestagswahlen bei den Landtagswahlen Stimmengewinne zu Lasten der Regierungsparteien erzielt, stellte sich auch zwischen 1983 und 1986 wieder ein. Die SPD verkürzte den Abstand zu den Unionsparteien, ohne allerdings eine grundsätzliche Veränderung der Strukturen erreichen zu können.

167. Die Beziehungen der Parteien zueinander sind unterschiedlicher Art. Ideologisch stehen sich die bürgerlichen Parteien CDU/CSU und FDP viel näher als auf der anderen Seite SPD und Grüne. Sie sind Koalitionspartner und vertreten ähnliche gesellschaftspolitische Grundpositionen, insbesondere hinsichtlich der Wirtschafts- und Sozialpolitik. Allerdings gibt es zwischen ihnen hinsichtlich der Rechtspolitik, der Kulturpolitik, der Außenpolitik sowie des § 218 Divergenzen, die jedoch nicht so grundsätzlicher Natur sind, daß sie zu einem Bruch der Koalition führen könnten.

168. Innerhalb des bürgerlichen Lagers befindet sich die FDP in einer strukturell schwachen Position. Aufgrund ihres 1982 vollzogenen

Koalitionswechsels hat sie sich für längere Zeit an die Unionsparteien gebunden, es sei denn, sie ginge in die Opposition. Der Koalitionswechsel wurde von der Öffentlichkeit als Wechsel der bis dahin geführten Politik verstanden, was den Verlust zahlreicher Wähler, die sich zur sozial-liberalen Koalition bekannt hatten, bewirkte. Bis heute ist es der FDP nicht gelungen, diesen Verlust sozial-liberal orientierter Wähler durch eine Klientel christlich-liberaler Wähler auszugleichen. Unterstützung erhält die FDP zur Zeit zu einem nicht unbedeutendem Anteil von Wählern, die eine Fortsetzung der christlich-liberalen Koalition wünschen, im Falle eines erneuten Koalitionswechsels der Liberalen diese aber mit großer Sicherheit nicht mehr unterstützen und wählen würden. Das bedeutet, daß die augenblickliche Funktion der FDP in der Rolle des Koalitionspartners der Unionsparteien besteht. Gleichzeitig versucht sie, innerhalb der Koalition als liberales Korrektiv zu wirken.

169. Auf der linken Seite des Parteienspektrums ist das Verhältnis zwischen SPD und Grünen durch Konflikt und partielle Kooperation gekennzeichnet. Einerseits bestehen Berührungsängste auf beiden Seiten; andererseits gibt es in beiden Parteien Befürworter einer Kooperation. Einerseits wird die Zusammenarbeit z.B. auf Länderebene wie in Hessen praktiziert; andererseits ist die ideologische Kluft zwischen SPD und Grünen in mancher Hinsicht unüberbrückbar. Die Befürworter einer Zusammenarbeit befinden sich sowohl bei den Grünen als auch bei der SPD in der Minderheit; die jeweiligen Mehrheiten in den Parteien lehnen eine organisierte Kooperation in Form von Koalitionen ab. Von ihnen wird die Trennungslinie zwischen SPD und Grünen schärfer gezogen als die Trennungslinie zwischen SPD und bürgerlichen Parteien. Das bedeutet, daß der politische Handlungsspielraum der SPD in naher Zukunft durch folgende Parameter bestimmt wird: 1. Die FDP fällt auf absehbare Zeit als Koalitionspartner für die SPD aus; 2. Eine große Koalition aus SPD und CDU/CSU ist aufgrund grundsätzlicher Divergenzen zwischen diesen Parteien auf absehbare Zeit nicht möglich; 3. Der Konflikt zwischen Ökonomie und Ökologie erhält auch in Zukunft – gerade nach dem Reaktorunfall von Tschernobyl im April 1986 – einen solch hohen Stellenwert, daß dadurch die parlamentarische Existenz einer Ökologiepartei links von der SPD bis auf weiteres gesichert scheint. Will die SPD unter diesen Voraussetzungen nicht dauerhaft in der Opposition verharren – der Gewinn der absoluten Mehrheit auf Bundesebene scheint auf absehbare Zeit kaum erreichbar – und will sie nicht den politischen Führungsanspruch aufgeben, so muß sie eine doppelseitige Politik betreiben. Sie muß sich einerseits von den Grünen abgrenzen, gleichzeitig aber auch eine gewisse Bereitschaft zur

Kooperation mit ihnen signalisieren. Darüber hinaus muß sie die Themen, die für den Erfolg der Grünen ursächlich waren – also vor allem Umwelt-, Kernkraft und Friedenspolitik – besetzen und ihre Sach- und Personalkompetenz auf diesen Gebieten nachweisen. Dadurch könnte es ihr gelingen, verlorenes Terrain zurückzugewinnen.

9.1 CDU/CSU

170. Nach fast 13 Jahren Opposition kehrte die CDU im Oktober 1982 in die Regierung zurück. Verstand sich die CDU in der Gründungs- und Entwicklungsphase der Bundesrepublik unter ihren Bundeskanzlern Adenauer (1949-1963), Erhard (1963-1966) und Kiesinger (1966-1969) als die Regierungspartei par excellence, so mußte sie während der Oppositionszeit schmerzlich erkennen, daß sie eine neue Rolle im politischen System der Bundesrepublik Deutschland zu spielen hatte. Eine Reorganisation der Partei, personelle und programmatische Neuerungen sowie nahezu eine Verdreifachung der Mitgliederzahl ließen die CDU von einem „Kanzlerwahlverein" zu einer modernen politischen Großorganisation werden. Nach dem Verlust der Regierung im Jahr 1969 gewann die Parteiführung wesentlich an Stellenwert. Mit der Regierungsübernahme 1982 änderten sich jedoch Rolle, Funktion und Stellenwert der Partei erneut. Helmut Kohl als Parteivorsitzender und Bundeskanzler bildet die Klammer zwischen Partei und Regierung. In erster Linie ist er jedoch der Regierungschef, so daß die CDU als Partei zunehmend die Funktion der Zuarbeit für die Regierung erhalten zu haben scheint.

Die CDU steht als Bundespartei im Spannungsfeld zwischen Regierung, bayerischer Schwesterpartei CSU, Unionsfraktion im Bundestag sowie dem Koalitionspartner FDP. Zwischen diesen verschiedenen Polen hat sie sich zu bewegen und ihre Rolle zu finden.

9.1.1 Bundestagswahlergebnis – großer Sieg für die Union

171. Mit 48,8% der Zweitstimmen erreichten die Unionsparteien 1983 das zweitbeste Wahlergebnis in ihrer Geschichte. Wesentlich dazu beigetragen hatte der große Gewinn der norddeutschen CDU, die gegenüber der Bundestagswahl 1980 in den nördlichen Bundesländern folgende Gewinne aufwies: Schleswig-Holstein 7,6%, Hamburg 6,4%, Niedersachsen 5,8%, Bremen 5,4% und Nordrhein-Westfalen 4,6%. Damit lag sie in diesen Bundesländern über dem durchschnittlichen

Gewinn von 4,3% Punkten. In Baden-Württemberg (4,1%), Rheinland-Pfalz (4,0%), Hessen (3,7%) lag die Partei leicht unter dem durchschnittlichen Zugewinn, während im Saarland mit 2,5% der Zuwachs eher bescheiden und in Bayern für die CSU mit 1,9% am geringsten ausfiel. Allerdings gilt es, in Bayern den hohen Ausgangspunkt zu berücksichtigen.

Bedeutsam für die Unionsparteien war auch, daß sie in allen Bundesländern, mit Ausnahme der Stadtstaaten Hamburg und Bremen, zur stimmenstärksten Partei avancierten und daraus ihren Führungsanspruch in der Bundesrepublik ableiten konnten. Die größte Unterstützung durch den Wähler erfuhren die Unionsparteien zwar nach wie vor in den süddeutschen Ländern, jedoch hat der starke Zuwachs der norddeutschen CDU-Gliederungen zu einer Veränderung der inneren Gewichtung in der Partei geführt.

Die Unionsparteien erreichten gegenüber ihrem sozialdemokratischen Rivalen einen Stimmenvorsprung von 10,6% Punkten.

9.1.2 CDU und CSU erneuern Fraktionsgemeinschaft

172. Bereits im März 1980, also kurz nach der Wahl, erneuerten CDU und CSU ihre Fraktionsgemeinschaft: ein gar nicht so selbstverständlicher Vorgang. Bereits 1976 hatte eine formelle Aufkündigung der seit 1949 praktizierten Fraktionsgemeinschaft für einen Augenblick die beiden Parteien erschüttert, jedoch wurde diese Aufkündigung sehr schnell rückgängig gemacht, da man sich der negativen Konsequenzen rasch bewußt wurde. So bilden auch in der 10. Legislaturperiode CDU und CSU eine Fraktionsgemeinschaft „aufgrund gemeinsamer politischer Ziele und angesichts der Tatsache, daß diese Parteien in keinem Bundesland miteinander im Wettbewerb stehen". Wegen früherer von einzelnen Parlamentariern als negativ verstandener Erfahrungen wurde besonders auf Drängen der CSU die Möglichkeit der Eigenentscheidung jeder Partei in der Fraktionsgemeinschaft vorgesehen. In Punkt 10 der Vereinbarung heißt es: „Die Abstimmung ist frei; es gibt keinen Fraktionszwang, die CSU-Gruppe kann eine von der Mehrheit der Fraktion abweichende Meinung in einer Frage von grundsätzlicher Bedeutung im Bundestag selbständig vertreten, wenn sie nach der Erörterung der Frage in der Fraktion dieses Verlangen stellt". (Das Parlament Nr. 18 v. 7.5.83).

Neben der formellen Regelung der Zusammenarbeit haben die beiden Unionsparteien auch eine inhaltliche Zusammenarbeit verabredet, die in einem 65 Punkte umfassenden Positionspapier zum Ausdruck kommen sollte. Darin heißt es u.a., daß der „Dreh- und Angelpunkt deutscher Außenpolitik" die Zusammenarbeit mit der USA sei, daß moralische Äquidistanz zu Moskau und Washington als „Verrat an der Idee der Freiheit" bewertet wird, daß die von der sozial-liberalen Koalition praktizierte Entspannungspolitik gescheitert sei u.a.m. (vgl. Archiv der Gegenwart v. 29.3.1983 S. 26492)

173. Innerhalb der CDU/CSU-Fraktion hat die CSU-Landesgruppe eine ganz besondere Bedeutung. Zwar ist die nordrhein-westfälische „Landesgruppe" mit 65 Abgeordneten zahlenmäßig stärker als die 51 Abgeordnete umfassende bayerische; doch liegt das Geheimnis der Macht der CSU-Landesgruppe in ihrer Geschlossenheit. Die Landesgruppe bildet innerhalb der Fraktion faktisch eine eigene Fraktion, die ihren eigenen Stab sowie selbständige Arbeitskreise besitzt und die politischen Probleme vor der Gesamtabstimmung der Unionsfraktion abklärt. Hinzu kommt, daß die CSU mit 5 Ministern im neuerdings 17, vor der Ernennung Walter Wallmanns zum Umweltminister 16 Minister umfassenden Kabinett personell gut repräsentiert ist.

9.1.3 Das Strategieproblem

174. Für die Unionsparteien stellte sich immer die Frage, ob sie allein oder nur mit der FDP die Mehrheit erreichen könnten. Während der CDU-Vorsitzende Kohl sich eindeutig für die Zusammenarbeit mit den Liberalen einsetzt, glaubte insbesondere die CSU unter der Führung von Franz-Josef Strauß, allein die notwendige Mehrheit gewinnen und die FDP aus dem politischen System verbannen zu können. Dieser Ansatz erhielt Unterstützung von der baden-württembergischen CDU. Hier wurde argumentiert, wenn die CDU eine „glasklare und transparente Politik betreibt", so werde sie auch allein auf über fünfzig Prozent der Stimmen kommen. Gerade durch die ersten Landtagswahlergebnisse nach der Bundestagswahl 1983, als die FDP aus mehreren Landtagen ausscheiden mußte, stellte sich für die Unionsparteien das Strategieproblem verschärft. Jedoch beharrte der CDU-Vorsitzende – gegen innerparteilichen Widerstand – auf der Zusammenarbeit mit den Freien Demokraten und konnte sich mit der Kooperationsstrategie auch durchsetzen. Nachdem die Liberalen im zweiten Halbjahr 1984 wieder Tritt gefaßt und sich aus ihrer gefährlichen Lage anscheinend befreit hatten, die Union aber bei den folgenden Kommunal- und Landtagswahlen z.T. große Verluste hinnehmen mußte, zeigte sich, daß die Strategie der Unionsparteien zur Erringung der absoluten Mehrheit ohne Erfolg geblieben war.

9.1.4 Landtagswahlen – die CDU muß Federn lassen

175. Zu Beginn der Bonner Regierungszeit profitierte die CDU zunächst von der Abwendung vieler Wähler von der SPD bei den der Bundestagswahl 1983 folgenden Landtagswahlen. So gewann sie bei der Landtagswahl in Rheinland-Pfalz, die ebenso am 6. März 1983 stattfand wie die Bundestagswahl, 1,8% Punkte. Auch bei der eine Woche später abgehaltenen Landtagswahl in Schleswig-Holstein gelang es der CDU, ihre Position auszubauen. Sie erzielte hier einen Zuwachs von 0,7% Punkte. Auch bei der Wahl zur Bremer Bürgerschaft im September 1983 gelang der CDU noch ein Stimmengewinn von 1,4% Punkte. Doch dann setzte parallel dazu jener Oppositionseffekt ein, der den Bonner Regierungsparteien in den Ländern immer Stimmenverluste bringt. Für die CDU verlief diese Entwicklung z.T. recht dramatisch. Im September 1983 verlor sie bei der hessischen Landtagswahl 6,2% Punkte, im März 1984 bei der Landtagswahl in Baden-Württemberg 5% Punkte. Allerdings behielt sie hier ihre Mehrheit. Noch stärkere Verluste mußte die CDU im Jahr 1985 bei Landtagswahlen hinnehmen. Im Saarland verlor sie nicht nur 5,7% Punkte, sondern auch die Regierungsfunktion. Besonders groß war der Einbruch der CDU im bevölkerungsreichsten Bundesland Nordrhein-Westfalen. Hier verlor sie 6,5% Punkte, und mit 36,5% erreichte sie eines ihrer schlechtesten Wahlergebnisse. Eine Konsequenz dieser verheerenden Wahlniederlage war eine Reform der Organisationsstruktur. Die beiden Landesverbände Rheinland und Westfalen wurden Anfang 1986 vereinigt zum Landesverband NRW. Dieser 270.000 Mitglieder starke Verband unter Vorsitz von Kurt Biedenkopf stellt nun innerhalb der CDU den größten Landesverband dar. Schließlich setzte sich der negative Trend für die CDU auch 1986 fort, als sie in Niedersachsen bei den Landtagswahlen im Juni wiederum 6,3% Punkte verlor und Ministerpräsident Albrecht nur dank des erneuten Einzugs der FDP in den Landtag seine Regierungsfunktion aufrechterhalten konnte.

Wenngleich die Landtagswahlen nicht mit den Bundestagswahlen verglichen werden dürfen, weil hier auch spezifische landespolitische Probleme bei der Wahlentscheidung – in unterschiedlicher Gewichtung – mitwirken, war es für die CDU doch ein Alarmsignal, daß sich im Verlauf der Amtszeit ihrer Bundesregierung der Oppositionseffekt in den Ländern so stark auswirkte. Auch die Zweiten Direktwahlen zum Europäischen Parlament 1984 bestätigten den Wählerrückgang der CDU.

9.1.5 Personal- und Programmentwicklung der CDU

176. Die Entwicklung der CDU wurde durch ihre Rolle als dominante Regierungspartei weitgehend beeinflußt. So wurde Helmut Kohl im Mai 1983 auf dem Kölner Parteitag mit 95,5% der Delegiertenstimmen erneut zum Bundesvorsitzenden gewählt. Dieses gute Ergebnis spiegelt seinen Wahlsieg vom März deutlich wider. Zwei Jahre später, nachdem die Regierung durch einige Pannen auch innerhalb der eigenen Gefolgschaft z.T. auf Unverständnis gestoßen war – z.B. bei der Handhabung des Amnestiegesetzes, bei der Inkraftsetzung des Kohlekraftwerkes Buschhaus, bei der Entscheidung über das abgasarme Katalysatorauto – nahm die innerparteiliche Opposition zu, so daß der Bundesvorsitzende mit 85% der Delegiertenstimmen vorlieb nehmen mußte. Für den durch die Übernahme des Bundespräsidentenamtes ausgeschiedenen Richard von Weizsäcker rückte der damalige Frankfurter Oberbürgermeister Walter Wallmann in einer Kampfabstimmung gegen den westfälischen Landesvorsitzenden Biedenkopf zum Stellvertreter Kohls auf.

Innerhalb der CDU gab es auf dem Stuttgarter Parteitag von 1984 eine Kontroverse über das geplante Amnestiegesetz zur Parteienfinanzierung. Während der Bundesvorsitzende Kohl sich nachdrücklich für die Amnestie mit der Begründung einsetzte, daß die Spendenpraxis jahrelang von den Finanzämtern toleriert worden sei und eine Kriminalisierung der Spender nicht erfolgen dürfte, lehnte vor allem der Parteinachwuchs, bestehend aus Junger Union und dem Ring Christlich Demokratischer Studenten (RCDS), das geplante Amnestiegesetz ab. Diese Gruppen befürchteten die Gefährdung der Glaubwürdigkeit des Rechtsstaats und der Parteien. Jedoch wurde der Antrag der Jungen Union, auf das Amnestiegesetz zu verzichten, mit 478 Stimmen gegen 178 Stimmen bei 38 Enthaltungen abgelehnt.

Für die programmatische Entwicklung der CDU war die Verabschiedung der „Stuttgarter Leitsätze" von Bedeutung. In ihnen bildet das Bekenntnis zur Sozialen Marktwirtschaft die Grundlage für die Wirtschafts-, Gesellschafts- und Sozialpolitik der CDU. Diese Politik soll sich an dem nötigen Freiraum orientieren, in dem sich Selbstbestimmung, Leistung und Kreativität verwirklichen können. Im Gegensatz zu den Forderungen von SPD und Gewerkschaften lehnt die CDU die Einführung der 35-Stunden-Woche bei vollem Lohnausgleich ab. Sie plädiert für eine beweglichere Regelung der Arbeitszeit, die stärker individuell ausgerichtet ist. Auch in den 80er Jahren müßten persönliche Freiheit, Gleichheit der Chancen, Wohlstand und Eigentum gesichert werden, was die Fortführung der Sozialen Marktwirtschaft voraussetzt. Die CDU setzt sich in den Leitsätzen für ein neues Verständnis von Arbeit und Wachstum ein, spricht sich für eine Reform der Lohn- und Einkommenssteuer aus, um die Leistung von Arbeitnehmern und Selbständigen wieder stärker anzuerkennen. Auch das Ziel des Umweltschutzes wird in den Stuttgarter Leitsätzen gleichgewichtig neben den wirtschaftspolitischen Zielsetzungen hoher Beschäftigungsstand, Preisstabilität, außenwirtschaftliches Gleichgewicht bei angemessenem Wachstum genannt.

Eine offensive Arbeitszeit-, Arbeitsmarkt- und Arbeitsrechtspolitik soll eine Spaltung der Gesellschaft in Arbeitsplatzbesitzer und Arbeitsplatzsuchende verhindern. Auf dem Essener Parteitag im März 1985 wurden die „Leitsätze der CDU für eine neue Partnerschaft zwischen Mann und Frau" verabschiedet. In ihnen spricht sich die CDU für die Anerkennung der Gleichwertigkeit der Arbeit im Beruf und der Arbeit in der Familie aus. „Demjenigen Elternteil, der sich vorrangig der Betreuung und Erziehung des Kindes widmet, muß nach dem Jahr, in dem Erziehungsgeld oder Erziehungsurlaub in Anspruch genommen wird, die Rückkehr in das alte Beschäftigungsverhältnis ermöglicht werden", heißt es in den Leitsätzen. Allerdings war auf dem Essener Parteitag die anvisierte Arbeitsplatzgarantie für ein Erziehungsjahr nicht mehrheitsfähig.

9.1.6 Die bayerische Schwesterpartei CSU

177. Die Entwicklung der bayerischen Schwesterpartei ist ohne die Persönlichkeit von Franz-Josef Strauß nicht zu erklären. Seit nunmehr 25 Jahren steht der heutige bayerische Ministerpräsident an der Spitze der CSU und bestimmte weitgehend ihre Entwicklung. Die Partei wurde zu einer festen Größe innerhalb der Koalition, der größerer Einfluß zukam, als ihr vom Stimmengewicht her zustand. 1983 kam es allerdings zu Querelen innerhalb der CSU, die auch den Parteivorsitzenden erreichten. Nachdem sich die CSU bei der Regierungsbildung ausreichend beteiligt fühlte und Franz-Josef Strauß auch von München ausreichend bundespolitischen Einfluß auszuüben glaubte, engagierte er sich sehr stark in der Deutschlandpolitik und „fädelte" im Sommer 1983 einen spektakulären Milliardenkredit für die DDR ein. Innerhalb der Partei wurde der Vorwurf erhoben, daß Strauß sich damit der von ihm bekämpften sozial-liberalen Deutschlandpolitik angenähert habe. Die CSU-Abgeordneten Handlos und Voigt verließen die CSU aus Protest gegen diese Politik des Parteivorsitzenden und bezichtigten ihn eines autoritären Führungsstils. Auch auf dem 43. ordentlichen

CSU-Parteitag 1983 in München machte sich der Unmut über den CSU-Vorsitzenden bemerkbar. Strauß erhielt das schlechteste Wahlergebnis, seitdem er an der Spitze der CSU stand. Mit 77% mußte er eine Einbuße gegenüber der vorherigen Vorstandswahl von nahezu 20% Punkten hinnehmen.

Jedoch sollte diese Verstimmung zwischen einem Teil des Parteivolks mit dem Vorsitzenden keinen Bestand haben. Bereits im November 1985 erhielt Strauß 98,9% der Delegiertenstimmen und wurde wieder eindeutig als Parteichef akzeptiert.

Innerhalb der Legislaturperiode sank jedoch der Einfluß der CSU. Konnte sie bei der Regierungsbildung hinsichtlich der personellen Besetzung mit fünf von insgesamt zunächst 16 Ministern weitgehend ihre Forderungen realisieren, so war ihr inhaltlicher Einfluß auf die Regierungspolitik nicht in gleichem Ausmaß erfolgreich. Weder konnte sie eine neue Afrikapolitik durchsetzen, noch eine Veränderung des § 218 erreichen, und auch beim Demonstrationsrecht mußte sie einen Rückzieher machen. Sie trug damit aber wesentlich zum Profilgewinn des Koalitionspartners FDP bei, der sich in diesen Politikfeldern stark von der CSU abhebt. Auch der Kompetenzverlust des CSU-Innenministers Zimmermann anläßlich der Kabinettsumbildung im Sommer 1986 – die Umweltaufgaben des Innenministeriums fielen dem neuen CDU-Umweltminister Wallmann zu – verdeutlicht den Einflußverlust der CSU. Nicht zuletzt aufgrund sich verstärkender Probleme im Freistaat Bayern – Schwierigkeiten im Zusammenhang mit dem Bau der Wiederaufbereitungsanlage Wackersdorf sowie dem vermehrten Protest von Landwirten gegen die EG-Agrarpolitik, für die CSU-Landwirtschaftsminister Kiechle verantwortlich gemacht wird – und nach dem Scheitern der Strategie zum Gewinn der absoluten Mehrheit ohne die FDP, hat sich die Position der CSU innerhalb der Koalition zu ihren Ungunsten verschoben.

9.1.7 CDU/CSU vor der Bundestagswahl 1987

178. Die Entwicklung des Parteiensystems in den 80er Jahren zeigt, daß die Unionsparteien allein nicht in der Lage waren, die absolute Mehrheit zu gewinnen. Sie hatten 1983 ein sehr gutes Wahlergebnis erzielt, jedoch die absolute Mehrheit knapp verfehlt. Zur Fortsetzung ihrer Regierungstätigkeit waren – und sind sie auch in absehbarer Zukunft – auf einen Koalitionspartner – die FDP – angewiesen. Deshalb wird im kommenden Wahlkampf der Hauptgegner die parlamentarische Opposition, also die SPD und die Grünen, sein. Die

CDU/CSU hat angesichts zahlreicher Gegensätze zur SPD keinen Grund, eine große Koalition mit dieser einzugehen. Erst wenn die Gegensätze zur FDP zu stark und unüberbrückbar werden sollten, andererseits aber die Möglichkeit einer absoluten Mehrheit weiterhin nicht gegeben erschiene, könnte eine große Koalition von Interesse werden.

9.2 FDP

9.2.1 Von der Dritten Kraft ins parlamentarische Aus

179. Bei der Bundestagswahl 1980 hatte die FDP mit 10,6% der Zweitstimmen ihr zweitbestes Ergebnis bei Bundestagswahlen erzielt. Zwei Jahre später nur drohte ihr bereits das Ausscheiden aus den Parlamenten der Bundesrepublik und damit der Verlust ihrer Funktion im parlamentarischen System – notwendiger Mehrheitsbeschaffer wie auch liberales Korrektiv zur jeweiligen größeren Regierungspartei.

Die FDP ermöglichte im Oktober 1982 mit der Unterstützung des konstruktiven Mißtrauensvotums gegen Bundeskanzler Schmidt die Wahl Helmut Kohls zum Nachfolger des sozial-demokratischen Bundeskanzlers und damit die Bildung der christlich-liberalen Koalition. Innerhalb der FDP war diese Entscheidung heftig umstritten. Sie führte die Liberalen in eine Existenzkrise, denn zahlreiche Mandatsträger verließen aus Enttäuschung – vor allem über Art und Stil des Regierungswechsels – die Partei. Auch sozial-liberal orientierte Wähler wandten sich von den Liberalen enttäuscht ab. Da die FDP, anders als die großen Parteien, nicht über eine solide, mindestens 5% aufweisende Stammwählerschaft verfügt, konnte die Bundestagswahl 1983 für die FDP das Ausscheiden aus dem Deutschen Bundestag bedeuten.

Mit 7,0% der Zweitstimmen blieben die Liberalen erheblich unter ihrem Ergebnis von 1980. Gemessen an der allgemeinen Einschätzung der Stärke der Partei sowie an den veröffentlichten demoskopischen Umfrageergebnissen im Winter 1982/83 war das Wahlergebnis für die FDP jedoch ein wichtiger Erfolg. Sie wurde in der Richtigkeit ihres Regierungswechsels während der Legislaturperiode im nachhinein durch den Wähler bestätigt.

Die FDP profitierte vor allem vom Splitting. Wie noch bei keiner Bundestagswahl zuvor machten die Wähler von dieser Möglichkeit Gebrauch und votierten so für die Fortsetzung der christlich-liberalen

Koalition. Das FDP-Ergebnis von 2,8% Erststimmen gegenüber 7,0%
Zweitstimmen illustriert die bewußt differenzierte Stimmgebung vieler
Wähler. Mit ihrer Erststimme ermöglichten sie die Direktwahl – in der
Regel eines christdemokratischen – Bewerbers, während sie mit der
Zweitstimme für den Wiedereinzug der FDP in den Bundestag vo-
tierten. (s. Ziff. 37)

9.2.2 Die Bundestagswahl als Pyrrhussieg

180. Allerdings sollte der relative Wahlerfolg der FDP keine Garantie
für das politische Überleben darstellen. Die Partei geriet im Verlauf der
Jahre 1983/84 in eine Identitätskrise und an den Rand des politisch-
parlamentarischen Existenzminimums. Die FDP drohte zu einer Mi-
nisterpartei auf Bundesebene zu werden. Bis zum Sommer 1984 mußte
sie den Verlust von sechs parlamentarischen Vertretungen in den
Landtagen beklagen, wobei der Einzug in vier Landtage sowie in das
Europäische Parlament mißlang. Mit Ausnahme der Landtagswahl in
Hessen im September 1983, bei der die CDU offen für eine Unterstützung der FDP warb, verloren die Liberalen wichtigen Boden. So
schieden sie 1983 aus dem Landtag in Rheinland-Pfalz ebenso aus wie
aus dem Landtag in Schleswig-Holstein und der Bremer Bürgerschaft.
Der Niedergang in Bremen war besonders deprimierend, fiel man doch
von 10,8% auf 4,6% zurück. Und auch bei der im Juni 1984 abgehaltenen Zweiten Direktwahl zum Europäischen Parlament konnten
die Liberalen die 5%-Sperrklausel nicht überwinden. Hinzu kam, daß
auch in den Kommunen die FDP immer mehr in die Rolle einer
Splitterpartei gedrängt wurde.
   Die Liberalen gerieten 1984 – neben den offensichtlichen Wahlver-
lusten – im Zusammenhang mit dem geplanten Amnestiegesetz in eine
Identitätskrise. Diese überlagerte den traditionellen Konflikt zwischen
dem mehr sozial orientierten und dem mehr marktwirtschaftlich orientierten Flügel in der Partei. Es entwickelte sich – ausgehend von den
Kreisverbänden – ein Konflikt, der die Parteiführung und die nachge-
ordneten Parteigliederungen entzweite. Die bedrohte rechtsstaatliche
Tradition der FDP sowie die Kritik im Zusammenhang mit dem
Regierungswechsel von 1982 war für viele FDP-Mitglieder ausschlag-
gebend, um für die Glaubwürdigkeit der liberalen Partei zu kämpfen.
Ein erneutes „Umfallen", wie es in der Öffentlichkeit hätte gedeutet
werden können, durfte nicht akzeptiert werden. Die Parteiführung
mußte sich schließlich nach einer intensiven innerparteilichen Diskussion dem Votum der unteren Parteigliederungen beugen und ihre
Zustimmung zum geplanten Amnestiegesetz zurückziehen.

9.2.3 Wechsel der politischen Führung

181. Der Parteienfinanzierungsskandal sowie die geplante Amnestie bewirkten einen Vertrauensschwund an der Parteiführung, der auf dem Bundesparteitag in Münster im Juni 1984 für die Öffentlichkeit erkennbar wurde. Der Bundesvorsitzende Genscher hatte als Reaktion auf die gesamte, von ihm nicht mehr zu kontrollierende Amnestiediskussion vor dem Parteitag angekündigt, als Parteivorsitzender nur noch für eine Amtszeit zur Verfügung zu stehen. Trotz dieser Ankündigung sowie der Aussage, auch bei den Bundestagswahlen 1987 sich nicht mehr als Spitzenkandidat für die FDP zu bewerben, erhielt Hans-Dietrich Genscher mit knapp 62% der Delegiertenstimmen ein relativ schlechtes Ergebnis. Diese Zustimmungsquote war die niedrigste, die Genscher in seiner zehnjährigen Vorsitzendenzeit erzielt hatte. Auch seine Stellvertreter wurden mit zahlreichen Gegenstimmen bedacht.

In den Wahlergebnissen des Parteivorstands kam die Unzufriedenheit der Delegierten mit der Parteiführung zum Ausdruck; insbesondere wurden in der Öffentlichkeit diese Ergebnisse als Antwort der Basis auf das Verhalten der Parteiführung in Zusammenhang mit den Parteifinanzierungsfragen gesehen. Der neu gewählte FDP-Generalsekretär Helmut Haussmann sah seine wichtigste Aufgabe in der Wiederherstellung des verlorenen Vertrauens zwischen Parteiführung und Basis.

Eine weitere bedeutsame Veränderung in der politischen Führungsspitze der FDP erfolgte 1985 auf dem Bundesparteitag in Saarbrücken, als der amtierende Parteivorsitzende Genscher noch vor dem Ablauf seiner Amtszeit auf den Bundesvorsitz verzichtete. Zu seinem Nachfolger wurde Bundeswirtschaftsminister Martin Bangemann mit einer überzeugenden Mehrheit gewählt. Da gleichzeitig der bisherige stellvertretende Vorsitzende Jürgen Morlok ebenfalls auf sein Vorstandsamt verzichtete, wurde als neuer Stellvertreter Bangemanns der hessische FDP-Landesvorsitzende Wolfgang Gerhardt gewählt. Damit fand im Nachklang zur Wende von 1982 eine nicht unwesentliche Veränderung in der FDP-Führungsspitze statt. Unter der neuen Führung gelang es der FDP, sich 1985 und 1986 zu stabilisieren, so daß die Vorstandswahlen auf dem Hannoveraner Parteitag vom Mai 1986 die 1985 getroffenen Entscheidungen in der politischen Führung der FDP bestätigten.

9.2.4 Programmatik – der New Look der Liberalen

182. Für eine Koalitionspartei wie die FDP ist die Profilierung innerhalb der Regierung von grundsätzlicher Bedeutung. Sie kann zum einen durch praktische Politik erfolgen. Hierzu bieten sich klassische, von den Liberalen seit Jahren bevorzugte und besetzte Politikfelder an. Besonders eignen sich dafür die von der FDP besetzten Ressorts. In der vergangenen Legislaturperiode waren dies Außenpolitik, Justiz und Wirtschaft. Zum anderen kann eine Partei durch klare programmatische Aussagen zu wichtigen Problembereichen Profil gewinnen. Der FDP-Parteitag in Karlsruhe im Herbst 1983 beschloß, eine programmatische Neuordnung für die Partei einzuleiten, mit der dann 1984 begonnen wurde. Der Karlsruher Parteitag wurde noch von der Debatte über den NATO-Doppelbeschluß beherrscht. Hier bekannte sich die FDP in einem Leitantrag des Bundesvorstands zur inzwischen erforderlich gewordenen Stationierung amerikanischer Mittelstreckenraketen. Gleichzeitig forderte die FDP aber auch die Fortsetzung der Rüstungskontrollverhandlungen zwischen den Supermächten. Die überwiegende Mehrheit – 284 Ja-Stimmen gegen 91 Nein-Stimmen bei 6 Enthaltungen – unterstützte diesen Antrag und ermöglichte damit die Realisierung des NATO-Doppelbeschlusses.

Zeigte die FDP damit gerade in einer Zeit großen Protests gegen die beabsichtigte Raketenstationierung Profil in der Sicherheitspolitik, so sollte eine gestalterische und nicht bloß reagierende Programmatik mit dem „Liberalen Manifest" vom Februar 1985 eingeleitet werden. Das „Liberale Manifest" versteht sich nicht als Ersatz des „Freiburger Programms" von 1971, sondern als Kurs- und Standortbestimmung der Liberalen in einer veränderten Welt. Ausgangspunkt des „Liberalen Manifests" ist die dritte technische Revolution, die als Konsequenz die Informations- und Technologiegesellschaft zur Folge hat. Ziel der FDP ist eine an der Persönlichkeit orientierte Gesellschaft. Deshalb fordert die Partei im Manifest mehr persönliche Freiheit wie auch verstärkten Persönlichkeits- und Freiheitsschutz. Es wendet sich gegen Monopole, sei es in der Wirtschaft oder im Medienbereich und spricht sich ebenso gegen Bevormundung durch den Staat wie durch Großorganisationen aus.

Die Überwindung der Arbeitslosigkeit darf nicht dem einzelnen überlassen bleiben; sie soll durch eine konsequente marktwirtschaftliche Politik erreicht werden. Insbesondere spricht sich die FDP dabei für eine innovative Mittelstandspolitik aus. Sie bekennt sich darüber hinaus ebenfalls zur gemeinschaftlichen Sicherung gegen individuelle Not.

Dabei wird allerdings der anonyme Versorgungsstaat abgelehnt und mehr Freiraum für Eigenversorgung und Eigenverantwortung gefordert.

In Bezug auf Staat und Organisationen fordert die FDP weniger Staat und weniger Bürokratie durch Dezentralisierung, Privatisierung und Abbau von Reglementierungen. Die Partei bekennt sich zu den klassischen individuellen Freiheitsrechten und fordert vom Staat, seine Tätigkeit aufs neue dem Bürger zu begründen.

Insgesamt zielt das „Liberale Manifest" auf eine Stärkung des einzelnen in der Gesellschaft, ohne ihm die Möglichkeit des Zusammenschlusses in Organisationen zu nehmen. Mit der Vorlage der „Liberalen Schwerpunkte" auf dem Bundesparteitag in Hannover wurde im Mai 1986 die Programmarbeit fortgesetzt. Aussagen zur Beschäftigungspolitik sowie zur Innen- und Rechtspolitik bildeten dabei die Schwerpunkte.

9.2.5 Die FDP vor der Bundestagswahl 1987

183. Nach einer Phase dramatischer Wählerverluste in den Jahren 1983/84 konnte sich die FDP im parlamentarischen System der Bundesrepublik 1985/86 stabilisieren. Sie gewann bei den Wahlen zum Abgeordnetenhaus von Berlin (West) 2,9% Punkte und zog damit souverän in das Abgeordnetenhaus ein. Bei den gleichzeitig abgehaltenen Landtagswahlen im Saarland erreichte die FDP einen Zugewinn von 3,1% Punkten und erzielte mit exakt 10% der Wählerstimmen erstmals in den 80er Jahren bei Landtagswahlen ein zweistelliges Ergebnis. Auch bei der Landtagswahl im Mai 1985 in Nordrhein-Westfalen gelang ihr der Wiedereinzug in den Landtag, nachdem sie in der Wahlperiode 1980-1985 nicht vertreten war. Und schließlich gelang ihr auch im Juni 1986 bei den Landtagswahlen in Niedersachsen der erneute Einzug in den Landtag. Die FDP scheint damit wieder eine vom Wähler akzeptierte Partei zu sein und die Nachwirkungen des Regierungswechsels vom Oktober 1982 überwunden zu haben.

Das Problem der FDP liegt in ihrer Funktion als notwendiger Mehrheitsbeschaffer für die jeweilige Regierungspartei. Da sie 1982 den Bruch mit der SPD vollzogen und den Regierungswechsel mit den Unionsparteien eingeleitet hat, besitzt sie auf absehbare Zeit keine glaubhafte Koalitionsalternative. Dadurch kann sie in der Öffentlichkeit leicht als Anhängsel des jeweiligen größeren Koalitionspartners verstanden werden. Ihre Funktion, als liberales Korrektiv zu wirken, kann dabei verloren gehen. Solch eine Entwicklung könnte für die

Liberalen zum parlamentarischen Ausscheiden und damit langfristig zur Existenz als Splitterpartei führen.

Will die FDP politisch überleben, muß sie ihre Eigenständigkeit erhalten und nach außen verdeutlichen. Die FDP unternimmt diesen Versuch einmal durch Abgrenzung vom Koalitionspartner, insbesondere der CSU. Gegenüber der bayerischen Unionspartei praktiziert die FDP programmatische Profilierung – insbesondere in der Rechtspolitik, beim Demonstrationsrecht etc. Eine zweite Möglichkeit besteht in der Auflockerung des politischen Lagers. Das bedeutet, daß nicht unbedingt die gleichen Koalitionsmuster in den Ländern existieren müssen wie im Bund. Die FDP muß sich also in einzelnen Politikfeldern zur SPD öffnen, um erforderlichenfalls erneut eine Brücke zu beiden großen Parteien schlagen zu können. Zwar wird z.Z. trotz eventueller Gedankenspiele über eine sozial-liberale Koalition in einem Bundesland keine solche Auflockerung betrieben; jedoch bleibt der FDP auf Dauer diese Positionsänderung nicht erspart, will sie nicht zu einem Anhängsel der Unionsparteien werden.

9.3 SPD

9.3.1 Die „Sehnsucht" nach Opposition

184. In der Schlußphase der sozial-liberalen Koalition, als die ökonomischen Strukturdaten Einschnitte in die zu Beginn der sozial-liberalen Koalition durchgeführten Reformmaßnahmen verlangten, entstand zwischen dem Regierungsflügel der SPD und der Partei ein unüberbrückbarer Konflikt. Zusätzlich wurde dieser Konflikt vom Problem des NATO-Doppelbeschlusses verschärft. In weiten Teilen der SPD war man des dauernden Streits mit dem liberalen Koalitionspartner überdrüssig. Die von der Koalition getroffenen Maßnahmen bedeuteten für viele Sozialdemokraten eine Bedrohung ihrer Identität. So wurde auch der Verlust der Macht, der im Herbst 1982 mit dem Bruch der sozial-liberalen Koalition eintrat, nicht als so schwerwiegend empfunden wie 1969 der Machtverlust von den Unionsparteien. Innerhalb der SPD war in weiten Teilen eine Art „Sehnsucht nach Opposition" entstanden, in der die Partei ihre alten Traditionen und Funktionen einer Arbeitnehmerpartei wieder entdecken und wahrnehmen sollte.

Jedoch sollte die ideologische Aufbruchstimmung, die die Partei gegen Ende der sozial-liberalen Koalition und vor allem nach der

Wende kennzeichnete, schnell verfliegen. Wahlerfolge bei den Land-tagswahlen in Hessen und den Bürgerschaftswahlen in Hamburg Ende 1982 konnten nicht darüber hinwegtäuschen, daß die SPD Ende der 70er/ Anfang der 80er Jahre wichtige Bastionen auf der Länder- und Kommunalebene an die Union verloren hatte.

9.3.2 Die Annahme der Oppositionsrolle

185. Das Ergebnis der Bundestagswahl 1983 mit einem Verlust von 4,7% Punkten gegenüber der Wahl 1980 bestätigte die SPD sehr deutlich in ihrer Oppositionsfunktion. Nach 16jähriger Regierungs-beteiligung mußte sich die Partei mit dieser Rolle arrangieren. Der neue Oppositionsführer, Hans-Jochen Vogel, der als Kanzlerkandidat den Wahlkampf bestritten hatte, stimmte die Fraktion schnell und ziel-strebig auf die Rolle ein, die für viele Fraktionsmitglieder eine völlig neue Erfahrung darstellte.

9.3.3 Moderater programmatischer und personeller Wandel

186. Eine Partei, die in Opposition geht, kann die Zeit der Abwe-senheit von der Regierung zu einer programmatischen und personellen Erneuerung nutzen. In der SPD wurde von Teilen der Basis die Idee nach stärkerer Verankerung sozialistischer Zielsetzungen in der neu zu entwickelnden Programmatik gefordert. Vor diesem Hintergrund ist auch der Beschluß des Kölner Sonderparteitags der SPD über die NATO-Nachrüstung zu verstehen. Nachdem die Partei aus der Re-gierung ausgeschieden war und damit keine Notwendigkeit zur Unterstützung des von der sozial-liberalen Koalition unter Bundes-kanzler Schmidt eingebrachten NATO-Doppelbeschlusses mehr be-stand, verwarf die Partei im November 1983 den NATO-Doppelbe-schluß vollends. Bereits seit Verabschiedung dieses Beschlusses durch die NATO 1979 hatten sich innerhalb der SPD starke Widerstände dagegen manifestiert. In dem mit überwiegender Mehrheit angenom-menen Ablehnungsbeschluß des Kölner Parteitags heißt es: ,,Die SPD lehnt die Stationierung von neuen amerikanischen Mittelstrecken-systemen auf dem Boden der Bundesrepublik ab. Die SPD fordert statt dessen weitere Verhandlungen. Sie fordert von den USA einen Stopp der Stationierung, von der Sowjetunion den Beginn der Reduzierung ihrer auf Europa gerichteten SS 20-Raketen bis zu einer beträchtlich verminderten Zahl, von den beiden Verhandlungspartnern einen Stop für die Einführung neuer Nuklearsysteme kürzerer Reichweite''. Mit

diesem Ablehnungsbeschluß wurde einer innerhalb der Partei weitverbreiteten Strömung Rechnung getragen, die bereits seit Beginn der 80er Jahre gegen die Installierung der Raketen vorhanden war, die jedoch wegen der Regierungsführung der SPD lange Zeit zurückgehalten und z.T. unterdrückt wurde. Dennoch entwickelte die SPD in der Sicherheitspolitik eher behutsame, denn revolutionäre Forderungen. So erklärte sie auf dem Essener Parteitag 1984 eindeutig: „Die Bundesrepublik bleibt politisch und militärisch eingebunden in der Europäischen Gemeinschaft und in der NATO. Sie findet das für uns erreichbare Maß an Sicherheit nur mit ihren Partnern und nur dann, wenn sie ihre eigenen Sicherheitsinteressen innerhalb des Bündnisses definieren, einbringen und durchsetzen kann". Die SPD sucht sicherheitspolitisch nach einer Änderung der Strategie, um die Gefahren vom europäischen Kontinent – und besonders Deutschland – abzuwenden. Ihr programmatisches Ziel ist langfristig eine europäische Friedensordnung, die die Blöcke überwindet. Mittelfristig sucht sie einen schrittweisen Abbau nuklearer Gefechtsfeldwaffen, kern- und chemiewaffenfreie Zonen sowie eine Verstärkung der konventionellen Verteidigung. Sicherlich ist nicht zu übersehen, daß in Teilen der Partei auch andere, das Bündnis überwindende Forderungen gestellt werden, diese haben jedoch auf die Gesamtpolitik (noch) keine Auswirkungen.

Und auch in der Wirtschaftspolitik geht die SPD eher reformistischen Gedanken als radikalen Thesen nach. Die dritte industrielle Revolution, das Entstehen einer neuen Informationsgesellschaft, wird von der SPD als unausweichlich hingenommen. So widersetzt man sich nicht länger technologischen Entwicklungen, wenn sie nicht mehr zu verhindern sind. Die Akzeptanz des Privatfernsehens durch die SPD zeigt die Kehrtwendung der Partei recht gut.

Auch die Verabschiedung des wirtschaftspolitischen Aktionsprogramms auf dem Essener Parteitag beweist die moderate Programmatik der SPD. Es wird eine Modernisierung der Volkswirtschaft angestrebt, wobei man sich die neuen technologischen Entwicklungen zu Nutze machen will. Neue Technologien enthalten für die SPD auch die Chance auf zukunftssichere Arbeitsplätze, auf eine Humanisierung des Arbeitslebens, auf Umweltschonung sowie Energie- und Rohstoffeinsparung.

Die wirtschaftspolitischen Vorstellungen sind marktwirtschaftlich orientiert. Auf die zunehmende internationale Wettbewerbsverschärfung muß auch die SPD Antworten finden. So unterstützt sie zwar offiziell die Forderung der Gewerkschaften nach der 35-Stundenwoche bei vollem Lohnausgleich; jedoch deutet sie gleichzeitig mit der Erklärung, daß auch die 40-Stundenwoche nicht in einem Schritt erreicht worden sei, ihre reservierte Haltung gegenüber dieser Forderung an.

187. Die personelle Erneuerung in der Opposition vollzog sich langsam und kontinuierlich. Zunächst wurde nach dem Rückzug von Helmut Schmidt Hans-Jochen Vogel Spitzenkandidat der SPD im Wahlkampf 1983. Auf dem Essener Parteitag der Sozialdemokraten löste Vogel Schmidt auch im Amt des Stellvertretenden Vorsitzenden der SPD ab, nachdem 1982 Johannes Rau bereits Hans Koschnik als Stellvertretenden Bundesvorsitzenden ersetzt hatte. Die Aufnahme Erhard Epplers, des langjährigen innerparteilichen Gegners Helmut Schmidts, symbolisierte in der Personalentwicklung auch einen programmatischen Wandel der SPD. Die Partei vollzog mit Hilfe anderer politischer Führungspersönlichkeiten eine Öffnung nach links, um Unterstützung bei den Protestwählern zu erzielen und an die Grünen verlorenes Wählerpotential zurückzugewinnen. Als schließlich Hans-Jürgen Wischnewski im Herbst 1985 nach innerparteilichen Auseinandersetzungen – insbesondere mit Fraktionschef Vogel – von seinem Amt als Schatzmeister der Partei zurücktrat und durch Hans Matthöfer ersetzt wurde, war auch der letzte Vertraute des früheren Bundeskanzlers Schmidt aus dem Führungsgremium der SPD ausgeschieden.

Endgültig abgeschlossen wurde die personelle Erneuerung durch die offizielle Bestellung des nordrhein-westfälischen Ministerpräsidenten Johannes Rau zum Kanzlerkandidaten für die Bundestagswahl 1987. Nach seinem großen Wahlsieg in Nordrhein-Westfalen bei der Landtagswahl 1985 (s. Ziff. 188) – die SPD erzielte unter Rau bei konsequenter Absage an die Grünen die absolute Mehrheit – lief die Kanzlerkandidatur nahezu zwangsläufig auf den stellvertreten SPD-Vorsitzenden zu. Unter dem Motto „Versöhnen statt spalten" und bei weiterhin strikter Abgrenzung von den Grünen, strebt Rau nach der absoluten Mehrheit bei der Bundestagswahl '87.

Die Programmentwicklung der SPD befindet sich z.Z. in der Diskussionsphase. Zum einen hat die Partei in der Energiepolitik neue Wege beschritten, indem sie den Einstieg zum Ausstieg aus der Kernenergie innerhalb eines Zeitraums von zehn Jahren anstrebt. Zum anderen hat der Parteivorstand den Entwurf eines neuen Grundsatzprogramms verabschiedet, der nun in den Gliederungen der Partei zur Diskussion ansteht. Seine Verabschiedung ist für den Parteitag 1988 vorgesehen.

9.3.4 Wahlen – die SPD nutzt den Oppositionseffekt

188. Die nach der Bundestagswahl stattfindenden Landtagswahlen bestätigten für die SPD, daß die in Bonn in Opposition stehende Partei

Stimmengewinne für sich verbuchen kann. So mußte die SPD zwar bei der Landtagswahl in Rheinland-Pfalz, die am gleichen Tag wie die Bundestagswahl abgehalten wurde, noch 2,7% Punkte abgeben. Sie lag damit im Trend der Stimmabgabe bei den Bundestagswahlen. Bei der am 13. März 1983 abgehaltenen Landtagswahl in Schleswig-Holstein, also genau eine Woche nach der Bundestagswahl, konnte die SPD bereits einen Zugewinn von 2,0% Punkten erreichen.

Der positive Trend hielt an. So konnte die SPD bei der im September in Bremen abgehaltenen Bürgerschaftswahl 2% Punkte gewinnen und dank der absoluten Mehrheit von 51,4% allein die Regierung stellen. In Hessen steigerte sich die SPD von 42,8% auf 46,2% der Stimmen. Lediglich bei der Landtagswahl in Baden-Württemberg im März 1984 stagnierten die Ergebnisse.

Im Jahr 1985 erzielte die SPD bei den Landtagswahlen ganz überragende Ergebnisse, sieht man einmal vom Sonderfall Berlin ab. Hier hatte die Partei einen argen Stimmenrückgang von 5,9% Punkten zu beklagen, der jedoch mit der spezifischen Situation der Berliner SPD erklärt werden muß. Im Saarland erzielte die SPD nicht nur einen Zugewinn von 3,8% Punkten, sondern auch die absolute Mehrheit. Dieses Ergebnis ermöglichte in dem seit 1957 der Bundesrepublik zugehörigen Bundesland erstmals einen politischen Machtwechsel, so daß dieses traditionell christlich-demokratisch regierte Land nun von der SPD regiert wird. Damit veränderten sich auch die Gewichte innerhalb des Bundesrates zugunsten der SPD, wenn auch weiterhin eine Unionsmehrheit bestehen blieb.

Und auch in Nordrhein-Westfalen erzielte die SPD unter der Führung von Ministerpräsident Rau einen grandiosen Sieg, als mit 52,1% der Stimmen die absolute Mehrheit gewonnen wurde. Die SPD erzielte damit das beste Ergebnis, das je eine Partei bei Landtagswahlen in Nordrhein-Westfalen erreicht hat.

Und schließlich erreichte die SPD bei den Wahlen zum niedersächsischen Landtag im Juni 1986 einen Zugewinn von 5,6% Punkten, der allerdings nicht ausreichte, um Ministerpräsident Albrecht abzulösen. Die Ausgangsposition der SPD mit gut 36% Stimmenanteil im Jahr 1982 war zu schwach, als daß die Partei die absolute Mehrheit hätte erzielen können.

Wenngleich bei den Landtagswahlen auch spezifische Landeskomponenten das Wählerverhalten in unterschiedlicher Gewichtung bestimmt haben, so kam jedoch der Oppositionseffekt im Bonner Bundestag den sozialdemokratischen Landesparteien zugute.

9.3.5 Die SPD auf der Suche nach ihrem Standort

189. Aufgrund des gesellschaftlichen Wandels von einer Industriegesellschaft zu einer Informations- und Technologiegesellschaft, in der
zunehmend Dienstleistungen strukturbestimmend sind, ist das Konzept einer Arbeitnehmerpartei oder einer Arbeiterpartei für die SPD
problematisch. Die SPD verfügt nicht mehr wie in den 50er und z.T.
auch noch in den 60er Jahren über eine ausreichende Stammwählerschaft, die im wesentlichen die gewerkschaftlich organisierten Arbeitnehmer ausmachten. Die SPD muß heute ihre „Wähler in Minderhei-
tenanteilen aus mehreren und zudem gegensätzlichen Milieus zusam-
menklauben; hier die schrumpfende und von vielen Entwicklungen
bedrohte traditionelle Arbeitnehmerschaft, dort die akademische Mit-
telschicht; hier kleinbürgerliche Vertreter der gern verachteten Sekun-
därtugenden, dort mobile Anhänger 'postmaterieller' Werte; hier funk-
tionsbewußte Einsteiger in Lehre und Verwaltungen, dort die des
Funktionierens überdrüssigen oder erst gar nicht gefragten Aussteiger"
(Robert Leicht: Die SPD auf der Suche nach sich selbst, in: Süd-
deutsche Zeitung v. 10/11.11.1984, S.4)

In dieser schwierigen Situation des gesellschaftlichen Umbruchs ist
der SPD in der Bewegung bzw. der Partei der Grünen ein politischer
Rivale erwachsen, der den Sozialdemokraten das Oppositionsmonopol
streitig macht und darüber hinaus z.T. die gleiche Wählerklientel
anzusprechen sucht. So stellt sich vor dieser doppelten Herausforde-
rung die Frage nach der zukünftigen Rolle der SPD im parlamentarischen und Parteiensystem der Bundesrepublik Deutschland.

Da der Konflikt zwischen Ökonomie und Ökologie auf absehbare Zeit
eine Konstante im politischen System der Bundesrepublik bleiben wird,
könnte auch in Zukunft eine links von der SPD angesiedelte Partei, die
besonders sich dieses Themas annimmt, ihre parlamentarische
Existenz sichern. Mit einem relativ festen Wählerpotential bleiben die
Grünen eine politische Kraft, die vor allem der SPD potentielle Wähler
entzieht. Das bedeutet für die SPD, daß die Erreichung der absoluten
Mehrheit unter dieser Konstellation wesentlich schwieriger ist.

190. So stellen sich ihr zur Zeit mehrere theoretische Möglichkeiten
zur Rückgewinnung der Regierungsmacht:
- Eine große Koalition mit der CDU/CSU. Sie ist mangels Gemein-
  samkeiten in beiden Lagern wenig wahrscheinlich.
- Eine Neuauflage der sozial-liberalen Koalition. Dazu besteht in
  beiden Parteien wenig Neigung.
- Eine Zusammenarbeit mit den Grünen, sei es in Form einer tolerier-
  ten Minderheitsregierung, sei es in einer formellen Koalition. Die von

der hessischen SPD praktizierte Zusammenarbeit mit den Grünen, die exakt diesen Entwicklungsweg nahm, könnte hierbei als Vorbild dienen.

Jedoch ist innerhalb der SPD auch die Zusammenarbeit mit den Grünen keine zukunftsträchtige Position, solange der Konflikt wischen „Fundamentalisten" und „Realpolitikern" innerhalb der Grünen nicht zugunsten der das parlamentarische System akzeptierenden Realpolitiker gelöst ist. So wird die Koalition mit den Grünen in Hessen mit spezifischen Entwicklungsprozessen im Land begründet und seitens der SPD-Führung immer wieder betont, daß sie keinen Modellcharakter für den Bund habe.

Eine andere Strategie zur – mittelfristigen – Machtrückgewinnung wird in einer strikten Abgrenzungspolitik gegenüber den Grünen gesehen, indem dem Wähler immer wieder die Politikunfähigkeit der Grünen vor Augen geführt wird. Die Grünen werden so als eine „Antisystempartei" verstanden, die trotz ihrer parlamentarischen Repräsentanz nach wie vor eine von den „Fundamentalisten" geführte ist. Ein Bruch der Koalition in Hessen im Spätherbst/Winter 1986 könnte diese Politikunfähigkeit der Grünen spektakulär zeigen.

Eine andere Möglichkeit, die Wähler der Grünen zu gewinnen bzw. zurückzugewinnen, besteht in der Übernahme „klassischer" grüner Themen wie der Umwelt-, Friedens- und Kernenergiepolitik. Durch die Übernahme der Meinungsführerschaft bei diesen Themen und die Präsentation von Kompetenz durch geeignete politische Persönlichkeiten kann hier verlorenengegangenes Terrain zurückgewonnen werden.

Ergänzend könnte argumentiert werden, daß die Grünen keine Chance für eine parlamentarische Repräsentanz besitzen und die Stimmen für sie der Gegenseite zu gute kämen.

Mit Hilfe dieser Strategie hatten die Sozialdemokraten bei den Landtagswahlen im Saarland und in Nordrhein-Westfalen Erfolg. Ob allerdings diese Strategie auch auf Bundesebene erfolgreich wäre, dürfte angesichts der größeren Stammwählerschaft der Grünen im Bund sehr fraglich sein.

9.4 Die Grünen

191. Der Einzug neuer Parteien in die Kommunalvertretungen und Landesparlamente Ende der 70er/Anfang der 80er Jahre führte nicht nur zu einer Dekonzentration und neuen Konstellation des Parteiensystems, sondern gleichzeitig zur parlamentarischen Repräsentanz von

Alternativvorstellungen. Die seit 1980 in der Partei der Grünen zusammengeschlossenen politischen Gruppen – u.a. Reste der Studentenbewegung der 60er Jahre, Bürger- und Umweltschutzbewegung der 70er Jahre, Antikernkraftgruppen, Teile der Friedensbewegung, linke Hochschulgruppen und ehemalige K-Gruppen – einte vor allem zwei große Problemkomplexe: die Umweltproblematik und die Friedenssicherung. In diesen beiden Politikfeldern stellten die Grünen radikale Forderungen, indem sie den Primat der Umwelt und Ökologiepolitik ebenso forderten wie den Ausstieg aus der bedrohlichen Ost-West-Konfrontation. Daneben hat der radikaldemokratische Republikanismus sowie die Infragestellung der Glaubwürdigkeit der „Altparteien" und ihrer führenden Politiker, insbesondere in der Kernenergiepolitik, beim Flickskandal (s. Ziff. 155) und bei der Parteispendenfinanzierungsproblematik, den Grünen die Unterstützung unzufriedener Wähler zugeführt.

Die Grünen verstehen sich als eine Alternative zu den etablierten Parteien, den sogenannten „Atomparteien". Sie streben eine radikale Veränderung der Industriegesellschaft an, die sich nicht auf Reformen des gesellschaftlichen Systems beschränkt. Mit diesen Zielsetzungen trafen die Grünen in einer Zeit, in der die Industriegesellschaft in eine offensichtliche Krise geraten ist, auf die Zustimmung eines nicht unbedeutenden Teils der deutschen Wählerschaft. Mit Hilfe ihrer Unterstützung konnten sich die Grünen als zunächst vierte politische Kraft im parlamentarischen System der Bundesrepublik Deutschland etablieren.

9.4.1 Reformpartei oder Fundamentalopposition

192. Bei der Bundestagswahl 1983 erreichten die Grünen mit 5,6 % der Zweitstimmen nicht nur den Einzug in den Deutschen Bundestag, sondern bewiesen mit diesem Ergebnis gleichzeitig, daß auch neugegründete Parteien durchaus in der Lage sind, die 5 %-Sperrklausel zu überspringen. Nach dem Einzug in den Bundestag stellte sich das Problem zukünftiger politischer Arbeit für die Grünen in aller Schärfe. Sollte man sich zu einer parlamentarischen Partei entwickeln und damit immer mehr den Altparteien annähern oder sollte man als Antisystempartei eine Fundamentalopposition betreiben. Der Konflikt zwischen den beiden Hauptlagern, den „Realpolitikern" und den „Fundamentalisten" innerhalb der Grünen war vorprogrammiert. Zwar konnten sich die unterschiedlichen Gruppierungen programmatisch einigen in bezug auf eine feste, eher allgemein gehaltene, Werteordnung, auf sogenannte

postmaterielle Werte: mehr Partizipation, größere Berücksichtigung von Randgruppen, Friedensstreben, Umweltschutz etc. So basiert auch das 1982 beschlossene Bundesprogramm der Grünen auf den vier Attributen: ökologisch, sozial, gewaltfrei und basisdemokratisch. Jedoch kommt es über die Verwirklichung dieser Zielvorstellungen zwischen den heterogenen Gruppen immer wieder zu Auseinandersetzungen. Die „Fundamentalisten" vertreten die Auffassung, daß im bürgerlichen System staatliches und parlamentarisches Handeln weitgehend den Entscheidungen der wirtschaftlich Mächtigen untergeordnet und daher eine echte grüne Politik innerhalb dieses Systems nicht möglich sei. Nur mit Fundamentalopposition und Verweigerung sowie mit außerparlamentarischem Druck und durch eine im außerparlamentarischen Protest verankerte „Bewegungspartei" ließen sich auf Dauer radikale Veränderungen der Gesellschaft erreichen.

Die „Realpolitiker", die überwiegend in den Parlamenten sitzen und als Mandatsträger Verantwortung tragen, setzen sich dagegen überwiegend für Bündnisse mit der SPD ein, um bürgerliche Mehrheiten zu verhindern und mit Reformpolitik Stück für Stück zu den gewünschten Gesellschaftsveränderungen zu gelangen. In Bündnissen mit der SPD sehen die „Realpolitiker" keinen Selbstzweck, sondern Mittel zur Durchsetzung ihrer politischen Zielvorstellungen. Sollten sich die von den Grünen angestrebten Reformen jedoch mit der SPD nicht verwirklichen lassen, so muß die Zusammenarbeit beendet werden. Nur mit Hilfe der Kooperation sind nach Auffassung der „Realpolitiker" ökologische Reformen durchsetzbar, während die Auffassungen der „Fundamentalisten" zur „Gettoisierung" der Grünen führen müßten.

Dieser Konflikt zwischen „Realpolitikern" und „Fundamentalisten" schwelt innerhalb der Partei weiter und bricht bei den verschiedenen Gelegenheiten immer wieder auf.

9.4.2 Wahlerfolge – Die „Parlamentarisierung" der Grünen

193. Als die Grünen 1983 in den Deutschen Bundestag einzogen, unterschieden sie sich nicht nur in Habitus, Stil und Form von den anderen Bundestagsparteien, sondern vor allem in ihrem Selbstverständnis. Sie begriffen sich als eine echte Alternative zu den Bonner Altparteien. Ihr Ziel – u.a. die Abschaffung verkrusteter Strukturen und des Berufspolitikertums, die Überwindung der Trennung der Basis von der politischen Führung – sollte zur Basisdemokratie führen.

Je größere Wahlerfolge die Grünen allerdings erreichten, umso größer wurden auch die Auseinandersetzungen über die zukünftige politische

Strategie der Grünen. Es entstand ein Richtungsstreit, der auf die Systemsfrage zielte. Es ging um die Haltung der Grünen zum Parlamentarismus, um die Bündnispolitik und um das von den Grünen angestrebte Parteimodell. Sollte man nun in den Parlamenten effizient mitarbeiten, selbst auf die Gefahr hin, daß der Charakter einer Protestpartei verlorengehen könnte, oder sollte man außerhalb des Systems bleiben und sich weiterhin als Repräsentantin der Antisystemwähler verstehen? Die Grünen wählten einen Mittelweg, der ihnen beide Möglichkeiten offen ließ. Sie entschieden sich zunächst, ihre Bundestagsabgeordneten nach zwei Jahren Parlamentsarbeit auszutauschen. Um die Kontinuität zu gewährleisten, nahmen die späteren Nachrücker bereits seit Beginn der parlamentarischen Arbeit im Bundestag an der Fraktionsarbeit teil. Auch die oftmaligen Neu- und Umbesetzungen im Sprecherrat der Bundespartei sowie in der Fraktion sollten verhindern, daß sich innerhalb der Partei entgegen den eigenen Zielvorstellungen eine Führungselite herausbildete.

194. Doch all die Versuche zur Einrichtung der Basisdemokratie konnten die Parlamentarisierung der Grünen nicht verhindern. Sie vollzog sich zunächst auf der Kommunalebene, auf der die Grünen sehr erfolgreich waren und z. T. spektakuläre Erfolge erzielten. So erreichten sie allein im Jahr 1984 bei den Kommunalwahlen 5,4 % in Rheinland-Pfalz, 5,3 % im Saarland, 8,2 % in Nordrhein-Westfalen und 9,1 % in Baden-Württemberg. In einzelnen Kommunen, besonders in Universitätsstädten, konnten die Grünen sogar zweistellige Wahlresultate erreichen. Die hohen Gewinne der Grünen führten u. a. dazu, daß zahlreiche Mandatsträger sich nun mit der praktischen Politik auf den verschiedenen Ebenen – Kommune – Land – Bund und Europa – auseinandersetzen mußten und sich auch mit Politikbereichen befassen mußten, die keine bevorzugten Politikgebiete grüner Politik waren. Man mußte, wie es die Bundestagsabgeordnete Petra Kelly ausdrückte, sich mit „tausend Kleinigkeiten" befassen. Darüber ging das besondere Profil der Grünen verloren; es vollzog sich eine schleichende Parlamentarisierung. Auf der Bundesversammlung 1986 in Hannover wurde dieser Entwicklung auch u. a. dadurch Rechnung getragen, daß man das Rotationsprinzip für Abgeordnete aufgab und sie jetzt für eine ganze Legislaturperiode wählen lassen will. Auch Entwicklungen im Zusammenhang mit der Aufstellung der Landeslisten zur Bundestagswahl 1987 zeigen, daß die Grünen sich von ihren ursprünglichen theoretischen Ansätzen entfernen. So führen Otto Schily und die frühere Fraktionssprecherin Antje Vollmer die Landesliste der Grünen in Nordrhein-Westfalen an.

In Bayern kandidiert die z.Z. noch als Abgeordnete tätige Petra Kelly auf Rang fünf der Landesliste.

Die Ergebnisse der Landtagswahlen zwischen den Bundestagswahlen zeigen einen gewissen Konsolidierungsprozeß der Grünen, der aber auch von einigen Rückschlägen begleitet war. So verfehlten die Grünen den Einzug in die Landtage von Rheinland-Pfalz und Schleswig-Holstein im Jahre 1983 – und was für die Partei schwerere Folgen hatte – auch den Einzug in die Landtage von Nordrhein-Westfalen (1985) und des Saarlandes (1985). Auch der mäßige Zugewinn von 0,6 % Punkten bei den Landtagswahlen in Niedersachsen (1986), wenige Wochen nach dem Kernreaktorunglück in Tschernobyl, bewies, daß die Grünen ihre Anfangserfolge nicht mehr wiederholen konnten und sich die Partei in einer Stagnation befindet.

Dennoch bilden die Grünen eine wichtige politische Kraft in der Bundesrepublik, die zumindest in einigen Ländern und in zahlreichen Kommunen die FDP als dritte Kraft abgelöst hat. Allerdings besitzt die Partei nach wie vor eine strukturelle Schwäche. Sie rekrutiert ihre Wähler hauptsächlich aus den großen Dienstleistungs- und Bildungszentren, so daß sie im wesentlichen eine städtische, eine Art Metropolenpartei, ist. Auf dem Land kann sie noch nicht genügend Wähler für sich gewinnen.

9.4.3. Die Grünen vor der Bundestagswahl 1987

195. Die Grünen stellen sich dem Bürger z.Z. als eine Oppositionspartei dar, die in sich sehr heterogen ist und in der unterschiedliche Strömungen vertreten sind. Sie haben jedoch als Oppositionspartei im Bundestag Spuren hinterlassen, indem sie gerade brisante politische Themen aufgriffen und dem Bürger verdeutlichten. Sie repräsentieren durch ihre Mitarbeit eine Gruppe von Wählern, die sich bis dahin aus dem politischen System ausgegrenzt fühlte.

Protestartikulation als einziger Grund für die Wahl reicht jedoch heute nicht mehr aus, um vom Wähler weiterhin Unterstützung zu erhalten. Immer mehr werden die Grünen daran gemessen, wie sie ihre Forderungen in praktische Politik umsetzen wollen. In stärkerem Maße müssen sie sich gegenüber der anderen Oppositionspartei profilieren, die viele Themen der Grünen aufgegriffen hat und mit ihren Lösungsmöglichkeiten sowie den dafür kompetenten Politikern realistische Wege aufzeigt.

196. Es stellt sich also die Frage nach der zukünftigen Rolle der Grünen im politischen System der Bundesrepublik. Hier können die Grünen selbst heute noch keine definitive Anwort geben. Ein Teil will

mit Hilfe der SPD zur Veränderung in der Gesellschaft beitragen, will wachrütteln und über das Instrument der Zusammenarbeit mit der SPD grüne Reformvorstellungen verwirklichen. Die Koalition aus SPD und Vertretern der „Realpolitiker" der Grünen in Hessen, im Frühjahr 1986 gebildet, steht symbolisch für diesen Weg.

Das andere Lager will mit Hilfe des gesellschaftlichen Drucks die Grünen als außerparlamentarische Basispartei erhalten, die die anderen zu Politik- und Systemänderung zwingt. Ginge es nach den Wählern der Grünen, wäre die Frage zugunsten des ersten Wegs beantwortet. Die überwiegende Mehrheit der Wähler der Grünen bejaht eine Koalition aus SPD und Grünen. Jedoch zeigen die Bundesversammlungen der Grünen immer aufs neue, daß die Partei den Grundkonflikt nicht überwinden kann. Zwischenpositionen werden hingenommen und die endgültige Entscheidung über die politische Richtung immer wieder verschoben. So drohen die Grünen letztendlich an sich selbst zu scheitern, wenn Positionen der Fundamentalisten Eingang in die Programmatik finden und damit zur Verunsicherung vieler Wähler beitragen, wie z.B. einige Beschlüsse auf der Bundesversammlung im Sommer 1986 in Hannover, als die Partei für den sofortigen Ausstieg aus der Kernenergie votierte, den Austritt aus der NATO propagierte und auch die Auflösung des Bundesgrenzschutzes forderte.

Anhang:
Ergänzende Materialien

Bundestagswahlkreise seit 1980

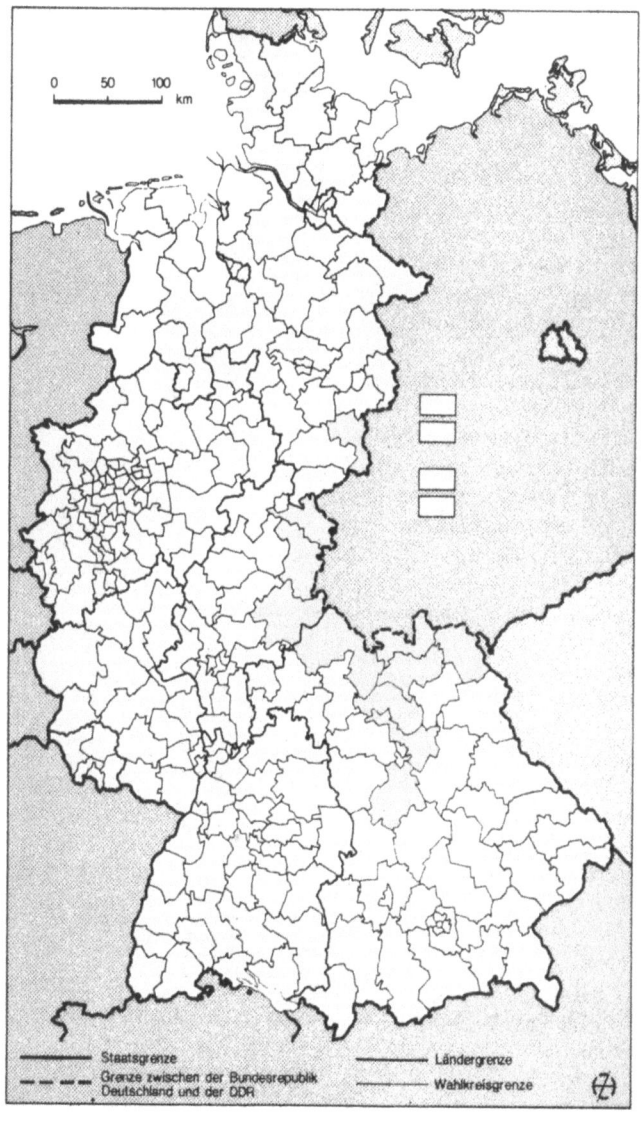

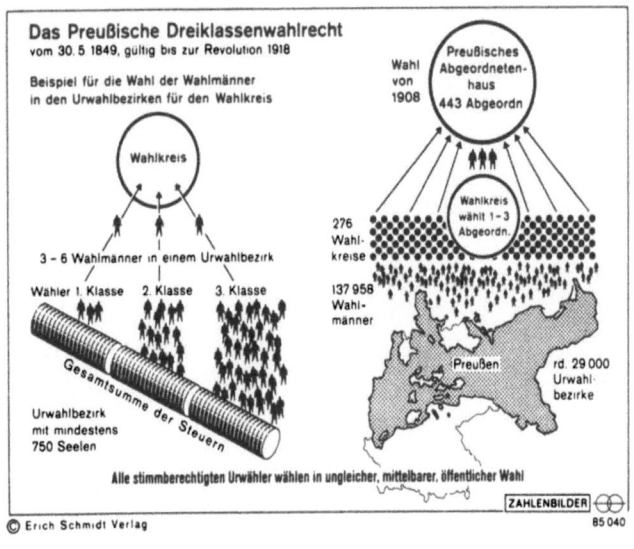

Das Preußische Dreiklassenwahlrecht
vom 30. 5. 1849, gültig bis zur Revolution 1918

Beispiel für die Wahl der Wahlmänner
in den Urwahlbezirken für den Wahlkreis

Wahlkreis

3 - 6 Wahlmänner in einem Urwahlbezirk

Wähler 1. Klasse   2. Klasse   3. Klasse

Gesamtsumme der Steuern

Urwahlbezirk
mit mindestens
750 Seelen

Wahl von 1908   Preußisches Abgeordnetenhaus 443 Abgeordn.

276 Wahlkreise

Wahlkreis wählt 1 - 3 Abgeordn.

137 958 Wahlmänner

Preußen   rd. 29 000 Urwahlbezirke

Alle stimmberechtigten Urwähler wählen in ungleicher, mittelbarer, öffentlicher Wahl

ZAHLENBILDER

© Erich Schmidt Verlag   85 040

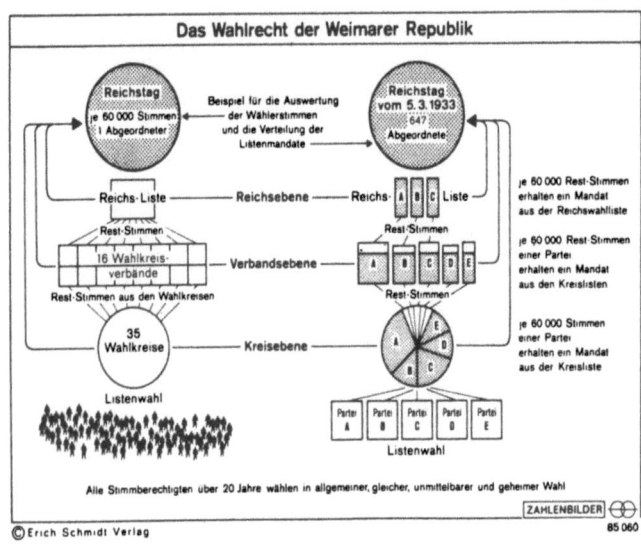

Das Wahlrecht der Weimarer Republik

Reichstag
je 60 000 Stimmen
1 Abgeordneter

Beispiel für die Auswertung der Wählerstimmen und die Verteilung der Listenmandate

Reichstag vom 5. 3. 1933
647 Abgeordnete

Reichs-Liste ─── Reichsebene ─── Reichs- A B C Liste

je 60 000 Rest-Stimmen erhalten ein Mandat aus der Reichswahlliste

Rest-Stimmen

16 Wahlkreisverbände ─── Verbandsebene

Rest-Stimmen

je 60 000 Rest-Stimmen einer Partei erhalten ein Mandat aus den Kreislisten

Rest-Stimmen aus den Wahlkreisen

35 Wahlkreise ─── Kreisebene

Rest-Stimmen

je 60 000 Stimmen einer Partei erhalten ein Mandat aus der Kreisliste

Listenwahl

Partei A   Partei B   Partei C   Partei D   Partei E

Listenwahl

Alle Stimmberechtigten über 20 Jahre wählen in allgemeiner, gleicher, unmittelbarer und geheimer Wahl

ZAHLENBILDER

© Erich Schmidt Verlag   85 060

154

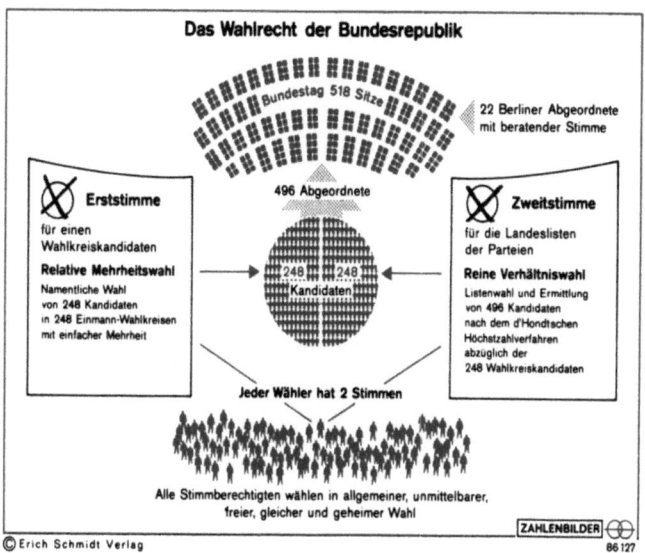

Das Wahlrecht der Bundesrepublik

Bundestag 518 Sitze

22 Berliner Abgeordnete mit beratender Stimme

496 Abgeordnete

Erststimme

für einen Wahlkreiskandidaten

Relative Mehrheitswahl

Namentliche Wahl von 248 Kandidaten in 248 Einmann-Wahlkreisen mit einfacher Mehrheit

248 248 Kandidaten

Zweitstimme

für die Landeslisten der Parteien

Reine Verhältniswahl

Listenwahl und Ermittlung von 496 Kandidaten nach dem d'Hondtschen Höchstzahlverfahren abzüglich der 248 Wahlkreiskandidaten

Jeder Wähler hat 2 Stimmen

Alle Stimmberechtigten wählen in allgemeiner, unmittelbarer, freier, gleicher und geheimer Wahl

ZAHLENBILDER

© Erich Schmidt Verlag

86 127

Kabinett						Kabinettssitze und Koalition

Kabinett						
Adenauer (CDU)	6	3	3	2		
Erstes Kabinett (1949-1953)	CDU	CSU	FDP	DP		
	8	2	4	2	2	1
Adenauer (CDU)	CDU	CSU	FDP	BHE	DP	parteil.
Zweites Kabinett (1953-1957)	Nach der Kabinettsumbildung am 16.10.1956:					
	10	3	2	2		
	CDU	CSU	FDP	DP		
Adenauer (CDU)	12	4	2			
Drittes Kabinett (1957-1961)	CDU	CSU	DP			
Adenauer (CDU)	12	4	5			
Viertes Kabinett (1961-1962)	CDU	CSU	FDP			
Adenauer (CDU)	12	4	5			
Fünftes Kabinett (1962-1963)	CDU	CSU	FDP			
Erhard (CDU)	13	4	5			
Erstes Kabinett (1963-1965)	CDU	CSU	FDP			
Erhard (CDU)	13	5	4	(27.10.1966 Ausscheiden der FDP-Minister aus der Regierung)		
Zweites Kabinett (1965-1966)	CDU	CSU	FDP			
Kiesinger (CDU)	8	3	9			
(1966-1969)	CDU	CSU	SPD			
Brandt (SPD)	12	3	1			
Erstes Kabinett (1969-1972)	SPD	FDP	parteil.			
Brandt (SPD)	13	5				
Zweites Kabinett (1972-1974)	SPD	FDP				
Schmidt (SPD)	12	4				
Erstes Kabinett (1974-1976)	SPD	FDP				
Schmidt (SPD)	12	4				
Zweites Kabinett (1976-1980)	SPD	FDP				
Schmidt (SPD)	12	4				
Drittes Kabinett (seit 1980)	SPD	FDP				
ab 28.4.82	13	4	(17.9.82 Ausscheiden der FDP-Minister aus der Regierung)			
Schmidt (SPD)	SPD	FDP				
Kohl (CDU) (seit 1983)	8	3	5			
Zweites Kabinett	CDU	FDP	CSU			

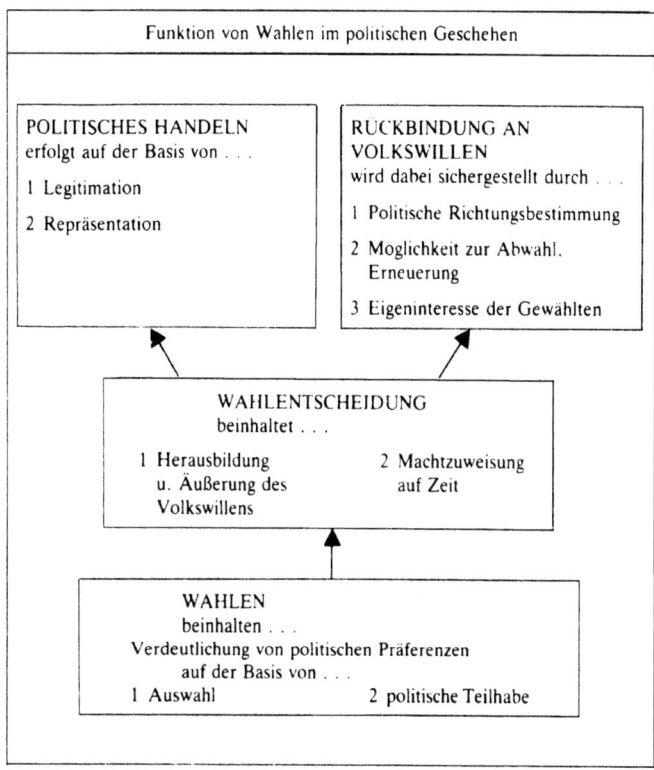

Funktion von Wahlen im politischen Geschehen

POLITISCHES HANDELN
erfolgt auf der Basis von . . .

1 Legitimation

2 Repräsentation

RÜCKBINDUNG AN
VOLKSWILLEN
wird dabei sichergestellt durch . . .

1 Politische Richtungsbestimmung

2 Möglichkeit zur Abwahl,
Erneuerung

3 Eigeninteresse der Gewählten

WAHLENTSCHEIDUNG
beinhaltet . . .

1 Herausbildung   2 Machtzuweisung
u. Äußerung des   auf Zeit
Volkswillens

WAHLEN
beinhalten . . .
Verdeutlichung von politischen Präferenzen
auf der Basis von . . .
1 Auswahl   2 politische Teilhabe

Quelle: Uwe Andersen (Hrsg.) Kommunalpolitik und Kommunalwahlen in Nordrhein-Westfalen, Düsseldorf 1984, S. 61

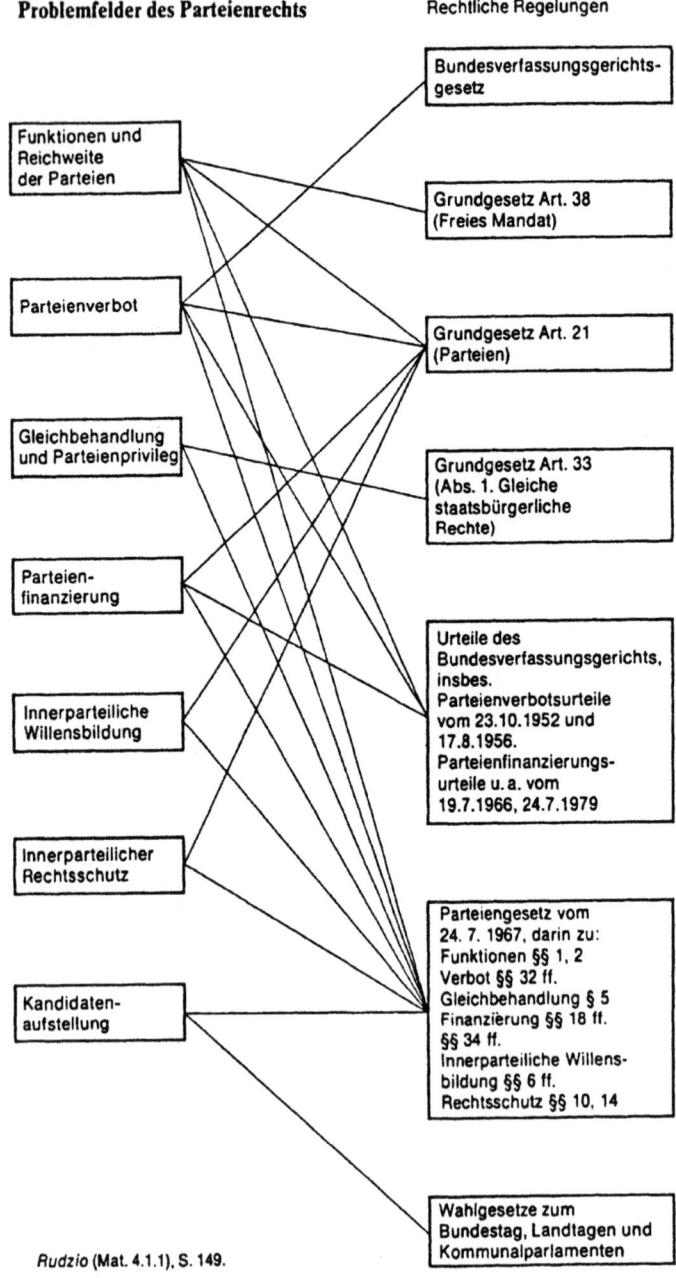

Problemfelder des Parteienrechts

Rechtliche Regelungen

Funktionen und Reichweite der Parteien

Parteienverbot

Gleichbehandlung und Parteienprivileg

Parteienfinanzierung

Innerparteiliche Willensbildung

Innerparteilicher Rechtsschutz

Kandidatenaufstellung

Bundesverfassungsgerichtsgesetz

Grundgesetz Art. 38 (Freies Mandat)

Grundgesetz Art. 21 (Parteien)

Grundgesetz Art. 33 (Abs. 1. Gleiche staatsbürgerliche Rechte)

Urteile des Bundesverfassungsgerichts, insbes. Parteienverbotsurteile vom 23.10.1952 und 17.8.1956. Parteienfinanzierungsurteile u. a. vom 19.7.1966, 24.7.1979

Parteiengesetz vom 24. 7. 1967, darin zu: Funktionen §§ 1, 2 Verbot §§ 32 ff. Gleichbehandlung § 5 Finanzierung §§ 18 ff. §§ 34 ff. Innerparteiliche Willensbildung §§ 6 ff. Rechtsschutz §§ 10, 14

Wahlgesetze zum Bundestag, Landtagen und Kommunalparlamenten

Rudzio (Mat. 4.1.1), S. 149.

Neuerscheinung:
Walter Gagel
Unterrichtsplanung
Politik/Sozialkunde

Walter Gagel
Unterrichtsplanung:
Politik/Sozialkunde
Studienbuch politische Didaktik II
UTB 1392. Ca. 320 Seiten. Ca. 24,80 DM
ISBN: 3-8100-0565-7

Zum Buch:

Nach dem großen Erfolg von Studienbuch I (Didaktik)* legt der Autor nun als Fortsetzung die *Unterrichtsplanung* vor. Durch seine Anlage ermöglicht dieses Studienbuch sowohl eine theoriebezogene als auch eine praxisbezogene Nutzung. Der Studienteil enthält in der Form von Studieneinheiten die Aufbereitung von sieben Planungsaufgaben, in denen sich der Leser anhand von Beispielen und Übungen (Lösungsvorschläge im Anhang) jeweils eine der Planungsaufgaben intensiv erarbeiten kann. Der Anwendungsteil bietet Hilfen für die Umsetzung der im Studienteil erarbeiteten Planungsaspekte im Rahmen der Unterrichtsvorbereitung. Dabei ist vor allem — jedoch nicht ausschließlich — an die in der Ausbildung erwartete schriftliche Vorbereitung einer Unterrichtsreihe gedacht.

* *Gagel, Walter:* Einführung i.d. Didaktik des politischen Unterrichts. Ein Studienbuch. UTB 1235. 252 S. Kart. 22,80 DM.

Leske + Budrich

**Die Zeitschrift für Studium
und Praxis der politischen
Bildung!**

Themen: Politik – Gesellschaft
– Wirtschaft
Autoren: Fachwissenschaftler
Darstellung: Fundiert – ver-
ständlich – knapp
Darstellungsformen: Fach-
wissenschaftliche Aufsätze –
Aktuelle Informationen –
Kontroversdokumentationen
– Didaktische Planung – Curri-
culum-Bausteine – Analysen.
Leistung: Vier Ausgaben jähr-
lich mit rund 500 Seiten für
30,– DM, Studenten 24,40 DM
(plus Porto).
Probehefte: kostenlos vom
Verlag

Leske + Budrich